Poesía del flamenco

Agradecimientos

Cristino Raya, Gabriel Cabeza y Juan Carlos Tienda,
responsables de la primera edición de esta obra,
así como de las notas discográficas.
A la familia y amigos de Francisco Moreno Galván
en La Puebla de Cazalla.
A Juan Diego Martín,
cuya aportación ha sido de inestimable ayuda
para esta nueva edición.

Francisco Moreno Galván

Poesía del flamenco

colección **Documentos**

Diseño de cubierta e interior: Carola Moreno y Joan Edo
Maquetación: Joan Edo
Imagen de cubierta: Juan Gris
Ilustaciones del interior: Francisco Moreno Galván
Fotografía de la solapa: José Lamarca

Esta obra ha recibido una ayuda a la edición del
Ministerio de Educación, Cultura y Deporte.

© 2015, herederos de Francisco Moreno Galván
© de la presente edición, 2015, Ediciones Barataria, S.l.
   www.barataria-ediciones.com
   Impreso por Estugraf

ISBN: 978-84-92979-54-7
Depósito legal: M-18018-2016

Cualquier forma de reproducción, distribución, comunicación pública o transformación de esta obra sólo puede hacerse con la autorización de sus titulares, salvo excepción prevista por la ley. Diríjase a CEDRO (Centro Español de Derechos Reprográficos, www.cedro.org) si necesita fotocopiar o escanear algún fragmento de esta obra.

LETRAS GRABADAS

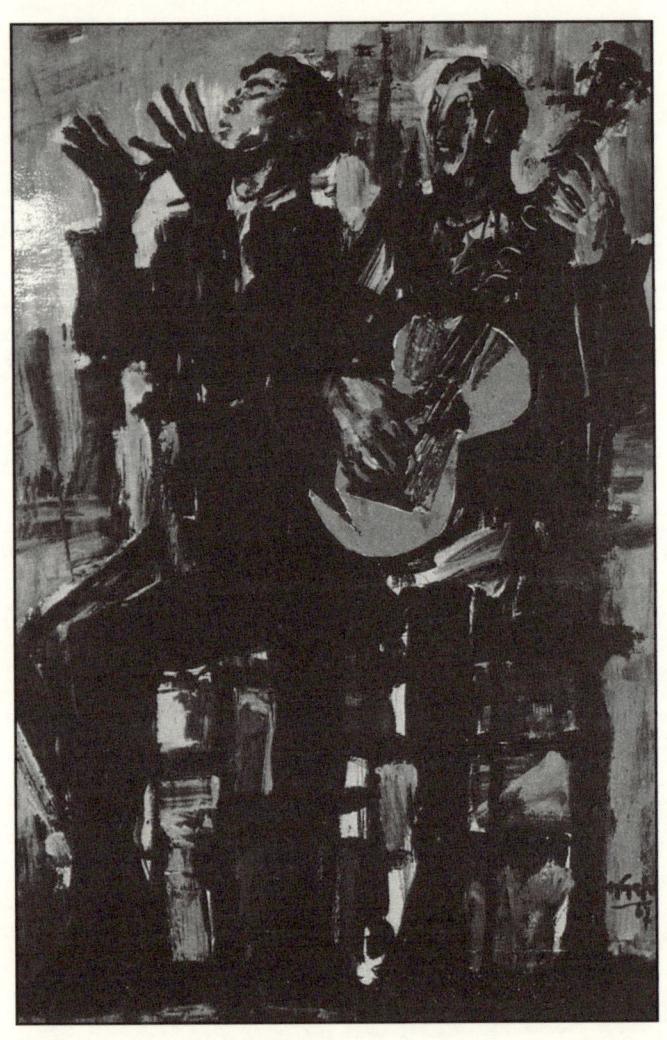

TE LLEVASTE LAS GANANCIAS

soleares

Te llevaste las ganancias,
me dejaste en la verea.
Trato que jago contigo
acaba de esta manera.

El techito de mi casa
qué güena voluntá tenía,
voluntá que no l'echaba
paré que lo sostenía.

Con lo sudao que fue,
cachito de pan que diste
tenerlo que agradecé.

CAIGO Y M'ALEVANTO

siguiriyas

Caigo y m'alevanto.
Mare mía, por qué
siempre tropiezo con la misma piera
y vuelvo a caé.

Culpable, aquel que fue culpable,
la carita se verá conmigo
más pronto o más tarde.

José Menese, RCA Víctor 3-20663, 45 rpm, 1963

QUÉ BIEN JUMEA

mirabrás

Qué bien jumea
de Diego Vázquez la chimenea.
De otro es la leña;
que quien quema lo suyo
a nadie empeña.

Mira y aprende
de qué manera,
nunca faltaba el jumo
en ca la Melera.

Vengo de la Coronela
de toreá un becerro,
traigo los carzones rotos,
cosíos con jilo negro.

Ay, qué pena tengo,
que el chaleco lo traigo
sin un remiendo.
De remiendos y botones
se componía,
que otra cosa el chaleco
ya no tenía.

Mía como vengo...
si tú me miras
bastante tengo.

LLEGUÉ AQUÍ DE MADRUGÁ

bulerías

Llegué aquí de madrugá.
Por muchos golpes que daba,
tu puerta seguía cerrá.

Mi casa es un desarreglo:
coloraíto mi pare,
mi mare, de pelo negro.

Porque la gente dice:
«Vive presa en un castillo»,
deja a la gente diciendo,
vente a la viña conmigo.

Al soberao la llevaba,
con el polvito del trigo
los ojitos le lloraban.

Su puertecita
no tiene aldaba,
entornaíta
me la dejaba.

SAETAS

Poquito a poco, costaleros,
con cuidao la levantá,
llevadla tos por derecho
que no se le claven más
los puñales de su pecho.

Y campanas no doblaron
por la muerte de ese hombre
que de rey falso acusaron,
chorrea sangre por su frente
que de espinas coronaron.

Yo no sé, María, cómo te vas sosteniendo
si a tu hijo a morir llevan,
pasito a paso vas siguiendo
con doló y angustia esa huella
de sangre que va derramando.

Encorvao y sin fuerzas ya
va ese del Mayor Poder,
fue tan grande su humildá
que tres veces fue a caé
y un hombre ayuándole va.

TE TENGO COMPARAÍTA

bulerías por soleares

Te tengo comparaíta
con la tapia de un convento,
teniendo tantas ventanas
nadie sabe lo que hay dentro.

Te fuiste de madrugá
sin reparar que dejabas
la puerta de par en par.

Sin saber cuándo ni cómo
se te ha puesto a ti la cara
más triste que a un Eccehomo.

FALTITAS A MI PERSONA

tientos

Un barbero anda sacando
faltitas a mi persona,
y ese barbero no sabe
lo que a la suya le sobra.

Mi pare y mi hermano Diego,
zapateros como yo,
y en casa der zapatero
descalcitos andamos tos.
La Foronguilla, el Cañuelo
y la fuente de Piyaya,
las agüitas de mi pueblo.

José Menese, RCA Víctor 3-20758. 45 rpm. 1964

POBRE ES MI JATO

livianas, serranas y cabales

Si poco necesito,
pobre es mi jato:
un poquito de azúcar,
canela y clavo.

La venta del Chaparro
veneno tiene.
Arriero que pasa
de ducas* muere.

Esta verea que voy y que vengo,
que pasito a pasito
yo voy muriendo.

Pa podé llevá
tantas penas y males
las fuerzas de un santo, de un santito mártir,
necesito mare.

* Penas en caló.

ARENAS ARRASTRAN LOS RÍOS

martinetes

Arenas arrastran los ríos
y penas arrastro yo.
La arena se desepara
y la pena de mí, no.

A tres leguas de Triana
y por los campos juyío,
echadme una mano que vengo
por los jeres* perseguío.

JARÉ CUENTA QUE TENÍA

polos

Jaré cuenta que tenía
mi casa en un ventisquero.
Ni las veletas resisten
tanta mudanza de viento.

Qué cuentas vienes a ajustarme
ni qué me ties que decí,
si no hay quien llegue por nadie
donde yo he llegao por ti.

Me miras,
y es como si del pellejo
me andaran sacando tiras.

* En caló, guardias.

José Menese, Cantes de José Menese, RCA Víctor, LPM-PSP 10300. 33 rpm. 1965

EL QUE QUIERA, QUE ME SIGA

soleares

El que quiera, que me siga
y el que no, con Dios se quede.
Pa el que me siga, fatigas,
que otra cosita no espere.

Ten cuidao con lo que jaces,
que si mucho te consiento
de la raya no te pases.

¿Dónde ibas de madrugá
con matoncito de flecos
y la carita tapá?

No me busques la pelea
que to aquel que píe guerra
en la batalla se quea.

CON MIL SUORES
mirabrás

Yo andaba pegando
bocaos al aire,
unas veces de rabia,
y otras de jambre.

Que como busco y rebusco,
busco la leña,
y a trancas y barrancas
vamos tirando.

Que Dios te valga
si en la verea
sale la guardia.

Desde el cerro los Santos
hasta el arroyo la Peña,
lo estuve esparragueando
y me lo encontré a la vuelta.

¡Ay, Patricia!,
pareció que la tierra
a mis pies se abría,
calenturita a mi cuerpo
y suores de agonía.

Reniego yo
y renegaré
del punto y hora
que la encontré.

Con mil suores
puse en mi puerta
siete faroles.

Verte y no verte
y el candil de mi casa
no tiene aceite.

Me jago cruces
que en el Cabildo
falten las luces.

NO ME VENGAS A AYUAR

peteneras

Compañera de mi alma,
no me vengas a ayuá
que un arbolito caío
no hay quien lo vuelva a plantar.

Veo tu camino y vas dando
pasitos a rienda suelta
y no veo que se te caiga
la carita de vergüenza.

Con malas mañas me has dao
una cru pa mi condena
que l'arrastro sin poé.
Déjame andá y no me pongas
caenitas a los pies.

YO NO ME SIENTO RICO

livianas

Yo no me siento rico,
tampoco pobre,
con dos moneas de plata
y cinco de cobre.
Porque el dinero,
cuantito más se tiene,
más pordiosero.

Muy poquito se ha dicho
de los cobardes,
yo me defiendo solo
de quien se encarte.
Navaja y tralla,
yo paso por las güenas
o por las malas.

Las cornás del tiempo
llevo en mis carnes
y las cicatrices, mare de mi alma,
con el tiempo salen.

SIEMPRE QUE TIRAS LA CUENTA

tangos

Siempre que tiras la cuenta
nunca te cuadra el total.
Esa cuenta no salía,
ni sale ni te saldrá.

Barbero de lengua larga,
tu pare es municipal,
de las barbas que no afeites
tu pare se encargará.

De los cuervos tiés las mañas.
Como cuervo me sacaste
los ojitos de mi cara.

Pa qué te quejas ahora
si ya te lo dijo el cura,
junto a mí tiés que pasar
las duras y las maúras.

Con el revuelo y el polvo
me metiste en una pelea
y allí me dejaste solo.

En el baratillo un puesto,
pa to el que comprarme quiera,
yo pregono lo que vendo.

En la Foronguilla
el agüita que tú me dabas
toíta me la bebía.

TE DEBIERAN DE METÉ

bulerías

Te debieran de meté
ligaíta con la leña
en jorno de pan-cocé.

Ratitos malos me dabas,
qué razones he tenío
pa no mirarte a la cara.

Más te valiera callarte,
que la reina tiene cosas
que ni el mismo rey las sabe.

De la Plaza Nueva traigo,
de un baratillo que han puesto,
un pañolito de yerbas
pa reliártelo al cuello.

Me la pidió y se la di
a la vecina de al lao
una hojita perejí.

De la Cariá venía,
subí la cuesta el Sotillo
entre amarillita arena
y limones amarillos.

Lo anda buscando
y me van a perdé
las intenciones
de esta mujé.

EN LA ESQUINA TOMA EL SOL

soleares

En la esquina toma el sol
to el que calentarse quiere.
Si yo voy, he comprobao
que si no graniza, llueve.

El calvario estoy pasando,
que de mi casa a la tuya
voy de Herodes a Pilatos.

Por el Molino del Pan,
camino de los tejares,
¡quién te pudiera llevar!

LA CASITA QUE YO VIVO

caña

La casita que yo vivo
resistencia no le falte.
Se defiende a cal y arena
del viento que la combate.

Ando y desando tu calle
amparao en la oscuriá
sin verte, y llevo a la espalda
ojos de la vecindá.

QUE TÚ NO QUIERES A NADIE

soleares de Alcalá

Malas lenguas van diciendo
que no camelas* a nadie,
cuando sé que por mis güesos
andas perdiendo las carnes.

Jiciste cru pa perderme
y al echarla te olvidaste
que el que firma es el que pierde.

No me llames a tu lao
si ya no valgo lo que valía.
Si el tiempo admitiera vuelta
pasito p'atrás daría.

Dicen que a ti no te hablo
porque no terelo** valor
pa tomá esa murallita
que tu mare levantó.

La luna tiene un menguante.
Lo pué tener mi queré,
serrana, hasta olviarte.

José Menese, *Cantes flamencos básicos*, RCA Víctor, LPM 10340. 33 rpm, 1967

* Querer en caló.
** Tener en caló.

LE PÍO A MI DIOS Y LO LLAMO

tientos

Le pío a mi Dios y lo llamo
si una eterniá me diera.
A voces a mi Dios lo llamo;
pa está maldiciendo el día
que tú y yo nos encontramos.

Como cariá piendo
como el que píe, mare, una limosna,
a la puerta que yo llame
siempre habrá una voz que diga
«hermano, que Dios le ampare».

Te llegue un castigo
que sobre ti caiga,
y lo penen tus carnes.
Del cielo te venga.
Las candelitas te quemaran
y te abrasaran la boca y la lengua.

Aceitito que l'echaba
al peacito pan que tenía
al candí se lo quitaba.

Golpecitos en la puerta,
ca vez que dan golpecitos en la puerta,
papelitos que m'entriegan.
Si supieran los jueces de toas mis fatigas
estoy seguro que no m'empapelan.

Anda pa la iglesia
y píele al Santo Cristo
pa tu pecao penitencia.

SON GRANDES FATIGAS DOBLES

martinetes

Doló llevaba en las manos
de cordeles amarrás,
los ojos anegaítos,
los undunares* detrás.

Son grandes fatigas dobles
que me salen al camino
y me van arrodeando
como una cerca de espinos.

Y si no, no.
La casa de los Montoya
tembló pero no cayó.

* Undunar, jundanal. En caló, soldado, guardia civil.

S'ABRIERON LAS PUERTAS

siguiriyas y cabales

S'abrieron las puertas
y sonó una voz,
ya principiaron la pública audiencia
que lo condenó.

Levanta la cara
y mira a mi hermano,
cómo lo llevan prendío los jeres*
y amarrás las manos.

Ya habían dao las doce
cuando lo sacaron,
ya no son blancas las blancas paeres
donde lo mataron.

Me amarga la boca
cuando los maldigo,
como amargaba la aceituna verde
del olivarito.

* En caló, guardias.

FUENTE DE PIYAYA

soleares de Juaniquí

Fuente de Piyaya;
si poquito se bebía,
con poquito se secaba.

M'enteré cómo venía,
no quiero sabé de dónde,
puñalito pa matarme
y el poquito pan que come.

No eres tú gachí* de bien.
Eres moneíta falsa,
malas puñalás te den.

Pasó por la Puerta Ronda,
como tallo se movía,
la conocí por el aire,
la cara no le veía.

* En caló, mujer.

CUANDO LLAMARON A AUDIENCIA

siguiriyas

Cuando llamaron a Audiencia,
me dio escalofrío
como de un golpe, llenita la sala
y el mundo vacío.

Hasta la tierra sabe
cómo yo te he querío;
y así lloraban, lloraban las pieras
al pasito mío.

Morir tiés que verme,
morirme terelo,*
penando más que penara
Cristo en el maero.

---

* En caló, quiero.

CURRO CORTÉS POR LA PUEBLA

tarantos

Al Cabildo,
viene desde los Mesones
al callejón del Cabildo.
Antes llevaba jachuelas
y ahora lleva un bastoncito,
ay, Curro Cortés por La Puebla.

José Menese, RCA Víctor 3-21020. 45 rpm. 1967

ME SIENTO MÁS DESGRACIAO

soleares de Jerez

Me siento más desgraciao
que aquel que se ve en la calle
como perro apaleao.

Lástima me vienes dando
de verte como te veo
y no podé remediarlo.

Cuando me vuelvas la espalda
y dieras el primer paso,
que las carnes de tu cuerpo
se te caigan a peazos.

Quien tenga aguante que aguante
que yo como no lo tengo
salgo a la calle a buscarte;
jincaíto de rodillas
por los suelos voy a buscarte.

ROMANCE DE JUAN GARCÍA

martinetes

Fue sentenciao Juan García
a golpes de mosquetón,
primera noche de agosto
sin jueces ni defensó.

No era por mieo su llanto,
porque llorando salió,
lloraba porque dejaba
lo que en su casa dejó.

Lo sacaron amarrao
y amarraíto queó
a dos pasos del camino,
en el camino a Morón.

Así murió Juan García,
testamento no escribió,
pero lo que Juan dejaba
el pueblo lo arrecogió.

Dije verdá,
como lo que yo dije era verdá,
y como la verdá dolía,
me mandaron a callá.

VUELVES LA CARA

tonás y livianas

Mi jería es mu grande,
mete otro pañuelo.
Si yo m'ensangro, por Dios que mi bata*
no llegara a verlo.

Cuando por no mirarme
vuelves la cara,
una puñalaíta
yo te pegara.
Que me rebelo,
y el corazón en vivo
yo te sacara.

* En caló, madre.

TE VOY A JACÉ ESTE VERANO
bulerías por soleares

De mis niños te vengaste,
mía por dónde te ha salío
la leche que tú mamaste.

No te lo quiero pená,
pero estás jechando jumo
de personaje reá.

Tú te vienes dando traza
de meterme en el corrá
poquito a poco las cabras.

Consejos yo a ti te daba,
que esos jumos que tú traes
no me los tires a la cara.

Si me rebelo,
chamuyo* cosas
que yo no quiero.

---

* En caló, digo.

LA SANGRE ME REBOTABA

soleares

La sangre me rebotaba,
que al emparejá contigo
tú me volviste la cara.

El que píe y no le dan,
le toma apego a la muerte,
que la muerte da en pensá.

Soy más firme que las cuatro
columnas de la Alamea,
los hércules, los leones
y el jierro que las rodea.

MALINA MUJÉ

siguiriyas de Manuel Torre

Qué tendrán tus pasos,
malina mujé,
que donde pisas la yerba no crece
ni vuelve a nacé.

A fuerza de golpes
iba yo p'alante,
cómo suaba, gotita a gotita
de mi cuerpo sangre.

MALDIGO LA HORA

tientos y tangos

Maldigo la hora
en to momento, maldigo la hora
que yo m'encontré contigo,
más me valiera haberme trompezao
con la muerte en mi camino.

Esto que me está pasando
que no lo pueo soportá,
que tú vengas y te vayas
y a mí no me digas na.

Siempre me vienes con esas.
Me parece que ties muchos
pájaros en la cabeza.

No camelaba* corrá
que aquella gachí** volaba
más que el águila reá.

Con el chaparrón,
tan rubia que parecía
morenita se queó.

* En caló, quería.
** En caló, mujer.

POR SI TÚ LLAMABAS

siguiriyas

El día y la noche
llorando pasaba,
y sentaíto al pie de la puerta
por si tú llamabas.

Solito en el mundo
a mí m'acompaña,
el espejito colgao de una cinta
donde te mirabas.

AL SOTILLO

tarantos

Al Sotillo.
Iba mi mare a lavá
a la huerta del Sotillo,
y a la venía me trae
yerbagüena y limoncillo,
ay, que iba mi mare a lavá.

DÍA GRANDE

siguiriyas de Joaquín Lacherna - cabales del Fillo

Día grande, mare,
el que la encontré,
lo he señalao a punta navaja
sobre la paré.

Maldigo la hora,
maldigo el reló,
como maldigo hasta las manillas
que la señaló.

COMO TIJERAS DE SASTRE

soleares de Antonio Frijones

Hay lenguas en esta calle
que te cortan un vestío
como tijeras de sastre.

Qué pobre es la casa mía.
Cuando tapaba una raja,
un agujero s'abría.

Pa escribí tos mis quebrantos
ni el libro del santo Juan
hojas tuviera pa tanto.

Caena de mi reló,
mi flamenca fue y le puso
colgante de meallón.

José Menese, Archivo del Cante Flamenco (varios intérpretes), Vergara, 13.001-06SJ. 33 rpm. 1968

TU MARE APAGÓ EL CANDÍ

soleares de Cádiz

La ropita de mi cuerpo
si a peazos se cayera,
no habría de cubrir mis carnes
hasta no verme a tu vera.

Voluntá de la muralla,
la firmeza del Peñón,
yo soy más fuerte, flamenca,
que la Isla de León.

Tu mare apagó el candí,
tu mare tuvo la culpa
del tropezón que yo di.

A CAL Y CANTO CERRÁ

peteneras

Pa que nunca sepa nadie
lo que por ti estoy pasando,
a solas me bebo yo
las lágrimas que derramo.

A cal y canto cerrá
la puerta donde llamaste
se t'abrió de par en par
y otra vez se t'abriría
si volvieras a llamá.

COMPAÑERO, QUÉ SUORES

bulerías por soleares

Compañero, qué suores,
entre trancas y barrancas
vamos de mal en peores.

Que estoy yo pa mí
en un callejón sin salía
sin pasao ni porvení.

Que ni el libro del Evangelio,
las leyes de Salomón,
no tienen sabiduría
como la que tengo yo.

LO QUE DICES NO ME IMPORTA

soleares

Lo que dices no me importa
ni me viene ni me va,
si hay quien se salta de noche
la tapia de tu corrá.

Un día de éstos te pillo
y vamos a jacé los dos
encajitos de bolillos.

Salimos por la cañá
y andando, andando, llegamos
a la veréa real.

DESDE EL CALVARIO A PARÁ

tientos

Me jaces pasá las ducas,
tú tienes mu mala briega.
La camisa de mi cuerpo
al pellejo no me llega.

Alto, moreno y buen mozo,
sobrino de Diego Jambre,
hermano de Pedro Pozo.

Me mandaste a llamá
y fue una pura agonía
desde el Calvario a Pará.

SI ME PUSIERAN

siguiriyas

Si me pusieran, mare,
a la luz del día,
se clarearan, como en los cristales,
las penitas mías.

La luna no tiene
na que ver conmigo,
que crece y mengua, najando* del cielo,
yo siempre en mi sitio.

A PURO GOLPE Y FUEGO

martinetes

En mi corazón cabía
lo que no cabe en la mar,
que tengo yo las entrañas
abiertas de par en par.

A puro golpe y a fuego
remacha el jierro en el jierro.
Así tengo yo remachao
la voluntá que te tengo.

---

* En caló, escapando.

saetas

EL CIELO SE OSCURECIÓ

La tierra s'abrió en canales
y el cielo s'oscureció
el Viernes Santo en la tarde,
al morí el hijo de Dios.
Por Dios, sepultura dadle.

LA SOLEDAD EN SU DOLÓ

Por Alcalá va llorando
la Soledad en su doló,
la más bella criatura
que de mujeres nació.
No hay consuelo a su amargura
ni alivio a su corazón.

SI HUBO UN JUSTO, ESE LO FUE

Ya está muerto, ahí lo tenéis,
si hubo un justo, ese lo fue.
La cara como la cera,
el que fue rojo clavel
ahora es lirio de Judea.

CALLE REAL, QUE PRESENCIAS

Calle Real, que presencias
el paso de esa mujé
en su soleá y tristeza.
Nunca soportó tu suelo
más ilustre realeza.

HABLANDO Y HABLANDO

tientos

A ti se te están pegando
jechuras de tu vecina,
que la ceniza recoge con maña
y derrama la jarina.

Señor que vas a caballo
y no das los buenos días,
si el caballo cojeara,
otro gallo cantaría.

A mí me daban de cuando
intenciones de ajogarte
en mis malos arrebatos.

Hablando y hablando
se ensañan conmigo,
por esas esquinas
estoy en candelero.
Con tanta palabrería
están tirando al suelo
el créito que tenía.

El fuego del queré que te he tenío
me va quemando y me dan temblores,
viviendo yo entre llamitas vivas,
de escalofríos son mis suores.

Voy a perdé el sentío,
teniendo fuego dentro de mi cuerpo,
yo muero de sudor frío.

EL LIMÓN ES AMARILLO

soleares

El limón es amarillo
y verde la yerbagüena,
tú tienes negros los ojos
y las intenciones negras.

Por darle qué hablá a la gente
me puse a pescar estrellas
con una caña en la fuente.

Las lindes del olivar
son anchas pa los don Mucho
y estrechas pa los don Na.

Sentaíta junto a mí,
una pena y otra pena
me estuvo contando allí.

Me tienes mortificao.
De un martirio no he salío
cuando hay otro preparao.

ASÍ LA CANDELA

siguiriyas

Así la candela,
asina el candí,
como los ojos de la mía compañera
también son así.

Como estaría escrito
pa pasá, pasaron.
Pero las cosas que tú me jiciste
en mí se quearon.

Y no me valieron que echaran
mandas al Señó,
ni los pasitos que mi mare diera,
que no me valió.

NI DOLÓ SENTÍA

siguiriyas

Ni gritos, ni voces,
ni doló sentía,
era la pena, era la rabia de que m'amarraran
lo que me dolía.

Andaba queíto
la pobre mi mare,
mu despacito, como la retama,
que la mueve el aire.

ESTOY COMO UN ALMA EN PENA
bulerías

Yo en esta cárcel me pudro,
estoy como un alma en pena,
con más grillos que un verano
y la catedral, caenas.

No te vayas tú a queá
encima una pila leña
y en medio de la riá.

Traes la cara sofocá.
Y tú me vienes diciendo
que no te ha pasao na.

Empujón que me diste,
yo caí al pozo.
Si la soga no llega
por ti me ajogo.

Ay, mira que tira,
tira que tira,
una p'abajo y otra p'arriba.

Ni remedios ni cuidaos
a mí qué vienen a darme,
si no estando yo a tu vera
se m'achicharra la sangre.

Quién te pudiera pillá
una noche templaíta
al respaldo de un pajá.

Mía qué doló.
No lo quería y se la llevó,
arrastraíta se la llevó.

CUÁNDO LLEGARÁ EL MOMENTO

marianas

Cuándo llegará el momento
que las agüitas vuelvan a sus cauces,
las esquinas con sus nombres.
Ni reyes ni roques; ni santos ni frailes.

A la dina dana.

Borrico de noria,
vueltas y más vueltas este borriquito ciego,
pero no deja la orilla,
mare de mi alma, del río revuelto.

A la dina di.

Ya las tormentas pasaron,
las torrenteras están como lagunas,
serenas lagunas, y siguen pescando.

Tú no pierdas, hermano, la esperanza,
que el mañana llegará,
que onde hubo candela, rescoldito quea
y jumo saldrá.

Alza la vela y arriba el limón,
matita de romero verde,
huele que huele.
Si el romero no florece,
carne de mis carnes,
se muere, se muere.

EN TIERRA DE LOS PARRALES

cantiñas

Te busqué por la Vitoria
y contigo vine a dar,
en tierra de Los Parrales
cerca de San Nicolás.

Vi por allí
mucho conejito,
poca perdiz.

Pillaste una guitarrita
y las cuerdas le templaste.
No sigas atirantando
que las cuerdas pue que salten.

Mira por dónde,
no te conozco
ni por el nombre.

No te acuso ni defiendo,
ni me pongo por testigo,
pero hay gentes que te vieron
de salí por el postigo.

No te da pena
de verte sola.
Con el espejo
te basta y sobra.

Ya viene la guardia, mare,
¿qué pasa en la esquina el Pollo?
Llevan las capas al vuelo
y los fusiles al hombro.

Tiros al aire,
que el toro que anda suelto
no hay quien lo amarre.

Con muchos jumos llegaron
y van saliendo de allí
enfilaos como si fueran
la camá de una perdiz.

EL VIENTO A FAVOR

soleares de la Serneta

Pa los pasos que tú dabas,
tuviste el viento a favor.
Yo eché a andar cuando lo tuve
y el aire se me volvió.

Buena panaera,
he de sacar yo tu fama
al aire como bandera.

Despreciao como un espino
no tengo donde arrimarme,
camisita que ponerme
ni perrito que me ladre.

Yo no te creía capaz
de llevarme a este terreno
que tú me jaces pisar.

No sé lo que le pasó
que anda mirando las nubes
con ojos de labraor.

No perdono lo que es mío,
ya ajustaremos un día
las cuentas que no has rendío.

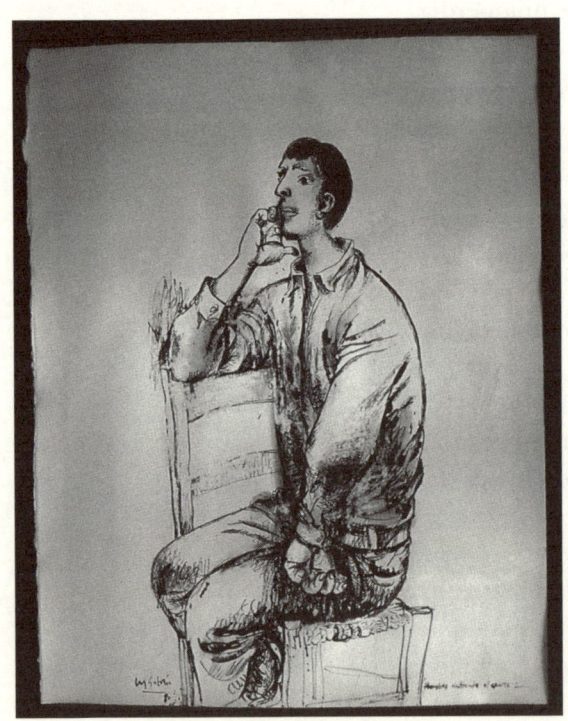

VENGO A CANTAR MIS PESARES

tangos del Piyayo

Vengo a cantar mis pesares,
a contar mis alegrías.
Lástima que puedan más
en tan sangrienta partía
las penas de cada cual.

Debiera contar ca uno
como ca uno va viviendo
sus pasos en esa feria
y según les fueran yendo.

Esta tierra me crió
en estos aires naciera,
por eso tengo derecho
de respirarlos siquiera.

Que tos nos estamos yendo
como pájaro en bandá,
de allí donde no hay pan,
unos detrás de los otros.
Dejando tierra pa coto
hasta los perros se van.

Por tierras desconocías
pasa fatigas y suores.
La tierra donde has nacío
pa coto de cazaores.

José Menese, Cantes para el hombre nuevo, RCA, LSP-10447, 33 rpm, 1971

Yo creí que el sol salía
a to el mundo calentando,
y ahora veo que va dando,
según la experiencia mía,
a algunos caló to el día
y a muchos de cuando en cuando.

Ese que tan ancho anda
en barro se revolcó,
de ahí le viene el apellío,
pero por dentro es peor.

Parece que el pueblo es suyo
y al que se encuentre se coma
en cuanto en la calle asoma
andando abierto de patas.
Que no olvíe aquel que mata
que donde las dan las toman.

MIRABA DE TRECHO EN TRECHO

soleares

Miraba de trecho en trecho
por si la veía vení
por la linde del barbecho.

Faltitas tiene cualquiera.
No la aborrecí por eso,
que traté de comprenderla.

Si a beata te has echao,
te via rezá un parenuestro.
A ver si vas blanqueando
las paeres del convento.

Era un peligro tan grande
que yo m'acordaba de mi Juanito
a tirones de la sangre.

CUANDO TÚ ME MIRAS

tientos

De poco tiempo a esta parte
no sé qué te habrás creío,
si el camino que tú andas
lo tengo yo recorrío.

Mi casa vacía.
Sin ti y sin tu aliento,
te están echando de menos
por los pasitos que en ellos dabas,
los ladrillitos del suelo.

¿Si lo creo o no lo creo?
Es menester que tú pongas
tus trapos blancos al soleo.

Cuando tú me miras,
maldigo el momento,
el sitio y la hora
que te conocí.
Porque tú tienes mu malas entrañas
y achicharraíto me tienes a mí.

Yo poco necesito
pa ese camino, pobre es mi jato:
un poquito de azúcar,
arcarabea, canela y clavo.

Con malas mañas me obligas
y aluego vas publicando
que yo te jago de pasá fatigas.

ASÍ DONDE VA LA MAR

martinetes

Que no me vengan a mí
con blasones ni linajes,
porque to el que quiera glorias,
honra y sangre, que las gane.

Se duele el que padeció
y en propia carne ha sufrío,
de las penas del doliente
y del doló del jerío.

Ya estoy hecho a que de golpe
vengan a mí tantas penas.
Así donde va la mar
también llegan las arenas.

DEL MONTE, LOS PEDERNALES

polos

Del monte, los pedernales,
los olivos en la loma
y los jierros bien labraos
en los balcones de Ronda.

Me duele lo que me jaces
como una espina clavá,
que de día en día sintiera
más jondita la punzá.

MIS PENAS LAS LLEVO YO

tangos de Pastora

Le peí que me ayuara
y no me negó favores.
Ese fue el punto y la hora
que empezaron mis dolores.

¡Las revueltas que este mundo ha dao!
Como lo mismo me quitó que me ha daíto,
ni he perdío ni he ganao.

Mis penas las llevo yo
que ca uno siente su duelo,
pa que las via publicá
si nadie siente el ajeno.

Si quieres d'irte, vete,
vete a la calle,
carretera y manta,
que la puerta está abierta
y no tiene llave.

Rompe la traba y corre,
no vuelvas la cara p'atrás.
Si quieres vení,
no vengas, por Dios,
estoy jarto ya de guerra y de sufrí.
Vivo mejor sin ti,
sin ti vivo mejor.

Y con tantos males,
si al fin y al cabo, serrana, has venío
a cogé lo que sembraste.

No me llegaban las fuerzas;
como no dejé el empeño
de mañas jice firmeza.

El corazón mío
a golpecitos me lo vas batiendo
igual que jierro encendío.

FUE UN GRAN DOLÓ

malagueñas

Siempre van penas conmigo,
caminando siempre juntos.
El queré con penas anda
porque allí donde haya juncos
no andará muy lejos el agua.

Lo que yo por ti sentía
aquello fue un gran doló.
Porque queriéndote tanto
poco a poco s'acabó
sin sabé cómo ni cuándo.

DE MAL EN PEORES

siguiriyas

S'acaban mis fuerzas,
me mantengo firme.
Partío me vea, pero no doblao
por más que m'obliguen.

Al lao de la nieve
el jazmín negrea,
y con sus ojos jace blanca la noche
la mía compañera.

De mal en peores
mis pasitos van.
Hasta los perros que me ladraban
no me ladran ya.

Qué buena es la tierra
si hubiera otro amo.
Como andaba a salto de mata
me fui pa otros pagos.

A CIEGAS VENDRÍA

siguiriyas

La llamé y no vino;
qué le pasaría.
Si se enterara de lo que me pasa,
a ciegas vendría.

Ando en tierra ajena
sin calor ni apego.
De la memoria no se me quitan mis niños
siquiera un momento.

Yo no dicaba*
el bien que tenía.
He visto ahora, cuando no te tengo,
lo que tú valías.

¡Qué güena!
Dios mío, qué güena es mi mare,
que tan solamente anían en ella
penas y males.

* En caló, veía.

Miguel Vargas, Moviplay, S 21405, 33 rpm, 1971

PRENDÍA DE MI SENTÍO

peteneras

Si el sol se viniera abajo
y la tierra se jundiera,
no sería mayor desgracia
que no tenerte a mi vera.

Yo no sabía del porqué
ni del cuándo de mi suerte.
Si voy por la mar a solas,
los aires y las corrientes
siempre me vienen en contra.

Estás de día y de noche
prendía de mi sentío.
Siempre tú en mi pensamiento,
que bien pudiera decí
que al lao mío te tengo.

SON MALES DE MUERTE

tientos

A aquel que sube de golpe
no le quean las manos limpias.
No crece un río de pronto
si no es con agüitas turbias.

Fuera bien o fuera mal,
como jice lo que debía,
no me vengas a criticá.

Te quejas si no me tienes,
cuando estoy no quieres verme.
En vía tú no me has querío
y me vas a llorá en muerte.

No sé por lo que sería.
Dos horitas estuvo allí
y no dijo esta boca es mía.

Los males míos son muchos y de muerte,
son muy grandes mis dolores
que no mejoran ni se m'alivian
ni con méicos ni doctores.

Con juramento me daba
y era falsa como Judas
y aluego me lo quitaba.

ESAS INTENCIONES TUYAS

malagueñas

Esas intenciones tuyas
son de la masa la sangre,
igualito que la espina
jiriendo desde que nace.
Remediarlo no podría.

Este encuentro tuyo y mío
que las de perdé yo llevo,
tú cada vez te creces más,
y por día va a menos
mi fuerza y mi voluntá.

NO OLVÍES NUNCA, SERRANA

cartagenera

Lo que soy y lo que he sío
no olvíes nunca, serrana.
Un día de estos, cualquiera,
prefiero verme podrío
antes de volver a tu vera.

TENGO PASAO TANTA PENA

polos

No te des tan malos ratos,
que a fuerza de sinsabores
tú misma te estás matando.

Tengo pasao tanta pena
que hasta mis güesos ha calao.
Es que aguanto yo tormentos
que a otros hubieran matao.

Con rédito pagué yo
lo que viniste a darme,
mi queré no pues pagarlo
porque esa deuda es mu grande.

Diego Clavel, RCA Víctor, 3-21133, 45 rpm, 1971

TE LLAMO Y NO VIENES

tientos

Como perro acariciao
que rabioso va y se vuelve,
la manita de su amo
es lo primero que muerde.

Te llamo y no vienes
por qué no me escuchas.
Te has hecho a mis voces
y ya ni te suenan.

Pájaro de campanario,
que por mucho que repiquen
de campana, no hace caso.

Las desgracias iban a más.
Yo fui rodeando un charco,
me metí en un barrizá.

UN BIEN TENÍA

siguiriyas

Un bien tenía mi cuerpo,
no se enteró nadie.
¡Y cómo andaba de boquita en boca
el mal de mis males!

Yo m'asomaba a esa ventanita
y veía de lejos
la alta muralla, una vereíta
y un cachito cielo.

Estaba yo tan jecho,
que esperaba del señor alcalde
la orden de arresto.

LLEVANDO LAS MISMAS PENAS

martinetes

Uno al laíto del otro
andando el mismo camino.
Llevando las mismas penas
nos vamos haciendo amigos.

To el que la hace la paga
y vendrá tarde o temprano
aquel que a hierro mató
a morí a la misma mano.

TIENES UN NOMBRE SONAO

soleares

M'eché a andá por la verea
que más pronto me llevara.
Tanto atollaero tiene
que resultó la más larga.

Mira que si das te honras,
que al que píe se le sale
el corazón por la boca.

A gritos yo la llamaba
sin trasponé todavía.
Por más voces que le daba,
ni el eco me respondía.

Tienes un nombre sonao,
y el mío no lo conocen
ni los libros del juzgao.

SIEMPRE LO HAN DICHO

tangos

Que un clavo saca otro clavo
es cosa que siempre han dicho,
y hay un clavo que no sale
ni por los clavos de Cristo.

No me presumas de gallo
que canta en su gallinero,
cuando hay gallitos que cantan
en el suyo y el ajeno.

Las fatigas de muerte que yo pasaba
eran de los temblores;
de los suores
que a mí me daban.

Ya no será fina gala
el raso al perdé su brillo.
No t'empeñes en mandá
con los calzones caídos.

Sopla el candí,
apágalo,
que ya clarea,
que ya amaneció.

Diego Clavel, RCA Víctor, 3-21145, 45 rpm, 1972

ANDAS RECLAMANDO MOÑOS

bulerías por soleares

Andas reclamando moños
con repiques de apellío,
y al que no t'eche el incienso,
de perritos perseguío.

Después de tanto sudar
en aquella lucha a muerte
nos vinieron a liar
dándonos gato por liebre
y harina de otro costal.

De aquí p'allá andas picando,
tienes ancha la solá
como gallina de campo.

Si por caminitos tuertos
el rey con su corte anda,
no esperes que los vasallos,
aunque vayan enfilaos,
caminen como Dios manda.

ME HAN HECHO CAMBIAR LOS TIEMPOS

malagueñas de la Trini

Me han hecho cambiar los tiempos,
que to en contra me venía.
A ver quién no cambiaría
como de lo blanco al negro,
como de la noche al día.

Por un puente de plata
atraviesan la ría,
y cuando más fuerza lleva,
otros tienen que pasá
sin puentes ni pasaeras.

TECHITO NO TENGO

siguiriyas

Pa pasá la noche
techito no tengo.
Donde me coge, si hallo respaldo
m'arrebujo y duermo.

Fatigas me daban,
me daban de muerte,
que me veía ligao a esta caena
tan doble y tan fuerte.

EN UNA DURA PORFÍA

peteneras

En una dura porfía
me puse en guerra contigo:
que el más fuerte reinaría.
Otro entró por el postigo;
reina en tu casa y la mía.

No siento yo si ha perdío
tu voluntá con la mía.
De lo que yo te he querío
no me pesa a esta altura
ni lo mucho que he sufrío.

saetas

PORQUE SE AJOGA DE PENA

Llevadla poquito a poco,
capataz, cortito el paso,
porque se ajoga de pena,
y lleva los ojos rasos
de lágrimas como perlas.

UNA GOLONDRINA AL VUELO

Una lágrima cogió
pa que al suelo no cayera,
una golondrina al vuelo.
Que una lágrima de Ella
vale más que tierra y cielo.

DE CUERPO PRESENTE ESTÁ

De cuerpo presente está
después de tanto sufrí,
el Jesús el Nazareno.
Siempre tiene que morí
el más justo y el más güeno.

LO BAJARON DEL MADERO

Lo bajaron del madero
y en sábanas lo pusieron.
Su madre pregunta al cielo:
¿Qué delito ha cometío?

Diego Clavel, Saetas, Ariola, 11 660-A, 45 rpm, 1974

DEJADME OPINAR TAMBIÉN

jaberas

Que mi palabra es sonora,
dejadme opinar también.
No soy mudo por ser pobre,
y sabremos quién es quién,
que hablando s'entiende un hombre.

Esto anda mal repartío,
la cosa está de llorá,
hay quien se múa a diario
y yo con ropa prestá
que parezco un treviliario.

COMO ACERO SE VOLVIÓ

tarantos

Aquel que sufre por dentro,
por grande que fuera el daño,
como acero se volvió,
que aguantando con reaños
se endurece el corazón.

Ya sabe usté quién yo soy,
no me mire de reojo.
Yo doy la mano de amigo,
si no quiere la recojo
y tenga usté cuidao conmigo.

A QUÉ VIENES A PEDIRME

bulerías por soleares

A qué vienes a pedirme,
si por no tené, no tengo
ni sitio donde morirme.

Serrana, no te envanezcas
que cuando vas a sembrá
yo traigo ya mi cosecha.

Una gotita de agua
no abre joyo ni en la arena,
y una gotera continua
abre agujero en la piedra.

Tú y yo nos llevamos poco,
no hay por qué tené cuidao
que un lobo no muerde a otro.

CANDELITA QUE JICE

serranas

Yo te he abierto la puerta
de par en par.
Te quedaste fuera
por voluntá.

Yo no sé si fue mi culpa,
quizá la tenga,
por haberte hecho caso,
mala ralea.
Mira si es mala,
que contra más t'entregas
más t'avasalla.

Candelita que jice
de leña verde,
contra más aire,
llamita no levanta
y el jumo crece.

ANDO BUSCANDO QUIEN TENGA
fandangos de Huelva

Ando buscando quien tenga
el secreto que me dé
la forma de conseguí
el queré de esta mujé
que me tiene sin viví.

Una detrás de la otra
tú me la vienes jaciendo.
Cualquier día, ten en cuenta,
que te las estoy reuniendo
y me las pagarás con renta.

TAN SOMETÍO ME TENÍAN
martinetes y deblas

To viene a chocar conmigo,
tanto, que ya no lo siento.
Que si son grandes los golpes,
más duro tengo yo el pecho.

Tan sometío me tenían
que hasta el aire me faltaba,
pero yo había nacío libre,
mis pensamientos volaban.

QUÉ DOBLES SON ÉSOS

siguiriyas

¿Qué dobles son esos
que hasta aquí me llegan?
Son tristes dobles, como son las sombras
de mis dobles penas.

Qué negra está la noche,
oculta la luna
y no me borra, siendo tan oscura,
penita ninguna.

De golpe me viene
ganas de gritá
mirando al cielo, porque de la tierra
yo no espero ná.

MIRA QUE YO NO ME CREO

soleares de la Serneta

Mira que yo no me creo
na de lo que tú publicas.
Preicá y repartí trigo
son dos cositas distintas.

¡Qué malino era mi mal!
De pronto m'eché a morí
sin sentí la enfermeá.

Tú te haces de rogá.
Que se te logre tu gusto,
no te quiero ver enojá.

Que fue tu mayor condena,
viví con tan gran salú
que vino de muerte ajena.

ARRASTRANDO EN SU CONDENA

granaínas

Una caena llevaban
arrastrando en su condena.
Pero yo he visto cautivos
contentos con la caena,
muertos que parecen vivos.

No creas en la locura
del que presume de loco,
ni del que se santifica,
que de santo tiene poco
el que santo se publica.

A MÍ ME BRILLABA

siguiriyas

Y me brillaba lo mismo que un lucero,
a mí me brillaba,
era mi estrella, y se m'apagó de golpe
la que me guiaba.

Adelante, amigo,
que ha llegao el momento,
que aquí mordiendo vale un perro vivo
más que un león muerto.

Cómo hemos perdío
nuestra libertá.
Nos la quitaron, bañaíta en sangre
pa la eterniá.

SIEMPRE LLEVA A ALGUNA PARTE

tientos

Elige bien tu camino
y sigue siempre p'alante,
porque una verea reá
siempre lleva a alguna parte.

Tan largos sermones
escuchando vengo,
el oro y el moro
vienen tantos repartiendo.
Mucho ofrecé y predicá
pero un palmo de sus tierra
no dan ni a su majestá.
Males los que sufre el pobre
que a solas ha de sufrí.
Son tantos y tan seguíos
que es su forma de viví.

Y mañana igual que ayer,
ya bastante hemos vivío
pa lo que aquí había que ver.

A TO LE LLEGA SU DÍA

bulerías por soleares

No te creas que me la has dao,
to el que con engaños anda
siempre resulta engañao.

Se han creío que la verdá
presa ya no se alzaría,
y a la verdá no la ajogan.
Aunque ajoguen la verdá,
ajogá respiraría.

Le falta pa ser completa
a la torre de tu pueblo
las campanas y la veleta.

A to le llega su día
y tiene su mauración.
No arderá la leña verde,
por mucho jumo que jaga,
como la que ya secó.

POCO A POCO HEMOS PLANTAO

garrotín

Poco a poco hemos plantao,
prima, si quieres o no,
de costa a costa un mercao,
y aquí se vende de to.

Aunque el agua reverbere
y queden juncos en pie,
no tiene peces el río
y quieren pescar con red.

Nos han metío a nosotros
un duro güeso en el jato.
Nosotros lo roeremos,
pero aquí hay güeso pa rato.

Será porque hay mucha jambre
que a cualquiera llaman rico,
y aquí somos tos más pobres
que el zagá de Jesucristo.

CUESTA ARRIBA QUIERO VER

tangos

Esto s'acaba, señores,
porque morí es naturá.
Toas las cositas maúran
cuando s'acerca el finá.

Cuesta arriba quiero ver
la liebre que va cansina,
que allí la veré correr.

Que van recibiendo palos
y luego contentos siguen.
No sé quién tiene más culpa,
si el que pega o el que recibe.

Era un rebaño de ovejas,
mucho balá y poco pasto,
y lobos la pastorean.

Consejos de consejero,
como sacristán mayó,
diga lo que diga el cura
dice amén y s'acabó.

No hay quien ponga derecha
la talanquera,
que unos tiran pa dentro
y otros pa fuera.

CONTRA LO INJUSTO, LUCHÁ

soleares

Yo no tengo na de na,
que salga a cazá ladrones
el que tiene qué guardá.

Depende to del que ofrece,
porque aquel que quiere dar
no mira quién lo merece.

Mira qué loquito era,
que quiso jacé una guerra
sin pólvora y sin bandera.

Contra lo injusto, luchá,
que es justo que el hombre intente
salí del fango en que está.

UNA VARA DERECHA
livianas

Una vara derecha
si pega, duele,
pero más daño jace
cuando se tuerce.
Que más lastima
quien derecho no anda
cuando castiga.

Yo me creía valiente,
valor tenía;
por mucho que apretaban,
no me rendía.
Siendo tan firme,
cuando el doló aliviaba,
vine a rendirme.

Salí de una pena,
redoblé el coraje,
porque a mi cuerpo las penas sufrías
fueron saludables.

ANDA CERCA LA TORMENTA

cantiñas

Que anda cerca la tormenta,
primero cruje
y luego revienta.

Me parece que aquí hay trampa,
algo me está oliendo a engaño.
Van muchas manos saliendo
triunfos de espadas y bastos.

El que juega con ventaja
de una mano a otra le pone
una reina a la baraja.

Porque aquí está quien responde
no quiero que me defiendan.
Lo que jice, malo o güeno,
será mi propia defensa.

No te saliste,
no habrás querío
del laberinto
que te has metío.

Quién te encontrara,
mi niña trianera,
cuando llegue a la torre
sobre la arena.

VIVIMOS COMO EN VOLANDA

mineras

Andamos de aquí p'allá,
vivimos como en volanda.
Un árbol no pué medrá
si tos los días lo trasplantan,
quiere tierra p'arraigá.

Un barco va a la deriva
cuando no tiene timón,
como al pueblo que le falta
su propia gobernación,
que como cieguecito anda.

EL JIERRO Y LA PIEDRA

siguiriyas

El jierro y la piedra,
como to, se parten,
y la caena que a mí me sujeta
no la rompe nadie.

Se desborda si es grande la verdá
aunque esté oprimía,
ya puen meterla bajo la tierra
y sale a la luz del día.

Juyendo de la muerte,
s'agarró a la vida,
pero la vida ya es parte de la muerte
y no lo sabía.

SOY CASTILLO DE FRONTERA

soleares de Cádiz

Un hombre, si quiere, llega
donde tiene que llegar.
Yo no vuelo por el aire,
pero mis quejas irán.

Grandes murallas había
que cayeron de cimiento,
y hay quien se mantiene firme
sin deber ni fundamento.

Soy castillo de frontera.
Mientras tenga un muro en pie,
siempre estaré en pie de guerra.

Quien con otra va tapando
el joyo de una mentira,
paga su deuda robando.

QUÉ BIEN ME SUENA TU NOMBRE

bamberas

Guerrillero, guerrillero,
qué bien me suena tu nombre.
Vas ligao a la leyenda
de libertá y de ilusiones.

Ahora tu nombre han marcao
una caterva de necios.
Van rompiendo libertades,
leyenda, ilusión y gesto.

Y no se andan por las ramas
aunque sean tan mal paríos,
que al mismo Dios hecho hombre
llevan de ilustre apellío.

Han hecho un Dios señorito
de navaja y de pistola,
emperador del infierno,
gesto y palabra rabiosa.

Esta carroña salvaje
ataca a la luz con saña,
y van sumando a la historia
más vergüenza para España.

YO SIGO P'ALANTE

tientos

Yo sigo p'alante.
Si me ataran los pies y las manos
no podrían frenarme ya,
porque no hay freno que me sujete
el ansia de libertá.

Se desajoga cantando
el español sus penas.
Mu largo me va pareciendo este cantá
y más larga la condena.

Así van los días,
que entre penas y lágrimas ligamos
las poquitas alegrías.

Vivo de doló en doló,
que al árbol que me cobija
si una hojita se le mueve
de algún modo me lastima.

PA AVENTÁ EL TRIGO EN LA ERA

alegrías

Es cosa mu naturá
pa aventa el trigo en la era
ponerse p'al sur o p'al norte
según el aire te venga.

Venticuatro letras
del abecedario.
A ver lo que dice
si sabes juntarlo.

Del abecedario,
venticuatro letras.
Júntalas y dime
qué digo con ellas.

Con un cachito de pan
y un rayo de sol me sobra,
que el que nace y vive pobre
con poquito se conforma.

ME ACUSO YO DEL QUE SOY

peteneras

Sin compasión castigar
es instinto del cobarde,
y a la vuelta encontrarás
el que no le teme a nadie
que no tarda en perdonar.

Me acuso yo del que soy
y del que seguiré siendo,
camino por el que voy
y culpable me confieso
de ir dando yo lo que doy.

YO NO TENGO OTRO CAMINO

soleares de la Serneta

Yo no tengo otro camino
que acabá con tu queré.
No hay remedio pa un tirano
como acortarle el podé.

Tú no me prometas na,
dame aunque sea mu poquito
y dalo con voluntá.

Por qué mandan tantos palos
si cuando es un rey prudente
es obediente el vasallo.

La desdicha, cuando empieza,
no acaba hasta rematá
con humildá y fortaleza.

LOS QUE PISAN LA TIERRA

martinetes y deblas

Por mi derechita andaba
y to lo encontraba cerrao,
vi enfrente una puerta abierta
y me pasé al otro lao.

To el que le canta a la luna
es porque en la luna está,
que los que pisan la tierra
a la tierra cantarán.

FUIMOS TIRANDO

mirabrás

Que de mata en olivo
yo fui arañando;
a trancas y barrancas
fuimos tirando.

Punta charol,
capa y bota,
a poquito a poco asoman,
igual que dos grajos verdes
recortaos en la loma.

¡Ay!, más te valiera
que las lunas y soles
se confundieran.

José Menese, L'Olympia, RCA, SPL1-2286, 33 rpm, 1975

QUÉ HERMOSA ES LA LIBERTAD

garrotín

Y las dejas repelás,
andas trasquilando ovejas.
Con esas tijeras mismas
puen cortarte las orejas.

¿Es que aquí no sirve nadie?
Siempre mandan los extraños.
No mira un aperaó
por la tierra como el amo.

Se ve que algo se barrunta,
otras cartas se barajan.
Una caló recalmá
termina arrancando agua.

Qué hermosa es la libertá,
y algunas veces cavilo
que siendo cosa tan grande
esté pendiente de un hilo.

QUE SOY PIEZA DE MAL PAÑO

soleares

Me tienen señalaíto
que soy pieza de mal paño.
A los hombres no se marca
como ovejas de rebaño.

Yo no me ando por las ramas,
que aunque allí esté lo florío
en el tronco está la savia.

Cuando eches el pie p'alante
mira bien dónde lo pones.
Pisa fuerte y no resbales,
que al que caiga se lo comen.

Se sabe lo que es ser libre
al perdé la libertá.
No se aprecia la salú
sin sufrí la enfermeá.

El que nace con mal fario,
si come naranjas chinas
le sabe a limones agrios.

EL TORRENTE DE UN ARROYO

cantiñas

Entre verdá y mentira
siempre tendrán de qué hablar.
A mí no me quita el sueño
el miedo del qué dirán.

No me desvela
la algarabía
que tanto suena.

Que mucho vuelo ha tomao,
la subía jizo fama,
que el torrente de un arroyo
no crece con agua clara.

Del garabito, pitos y flautas
se hacen las voces
de una charanga.

No m'achican los pasos
de bravucones,
que si así pisa un bravo,
también un hombre.

To el que gallea
sin plumas y sin crestas
a veces quea.

ME ESTÁ PARECIENDO A MÍ

tangos

Me está pareciendo a mí
que hay quien no lleva su carga,
porque los más aliviaos
sobre el más cargao descargan.

De los santitos del año
a mí no me acusará ninguno,
de que yo no le guardara octava
de vigilias y de ayunos.

Si a esparragos salgo un día
al otro jago jilillos,
una triste peoná el tercero,
y el resto por los cantillos.

Se crían muy disparejos
los corderos de este aprisco.
Unos maman de dos tetas
y otros no dan ni un mordisco.

No hay razón, ley ni derechos,
lo borran y santas pascuas,
pero qué bien dijo quien dijo
«se hizo la ley con la trampa».

Piensa en qué le pué dolé
el que no tiene en to el día
otra cosa que jacé.

Yo fui contando mis penas,
y aquel que me consoló
estaba pasando por ellas.

HAY QUE RESISTIR, HERMANOS

tarantos

No creo yo que esto sea
imposible de acabá.
Ya hemos pasao el mal camino,
penando y sin comulgá
con tanta ruea de molino.

Vamos y vamos p'alante,
hay que resistir, hermanos,
hasta el final del viaje,
que las fuerzas no flaquean
si la acompaña el coraje.

Yo m'encontré en Almería
cuando llegué aquella noche
la Alcazaba, la bahía,
Lucas, Florencio y Sorroche,
amigos pa toa la vía.

COMO AIRE SOLANO

siguiriyas

Apenas asoma
el aire solano,
cómo no deja derecho el espino
ni hojita en el árbol.

    Hay tiempos que corren
    como aire solano.

Levanté los ojos
to lo vi arrasao.
Ahora venimos recogiendo el fruto
que habíamos sembrao.

No pueo viví,
ya no pueo más,
que las fatigas de verme oprimío
me van a matá.

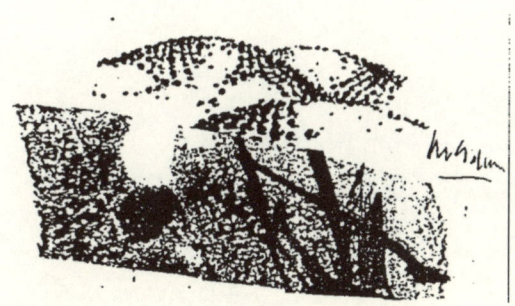

CAYÓ AL SUELO UNA PALOMA

farrucas

Cayó al suelo una paloma
que le partieron las alas.
Parece que convenía
que el vuelo no levantara.

Ramita de oliva
del pico cayó.
Ay, rama de limonero,
ramita de oliva,
limonero no.

Cerca del limón el aire,
los dos cerquita de ti,
limón, el aire y la hoja
verde y picaíta del perejí.

A LA ORILLA DE LA MAR

tientos

Vengo yo de correr siete mares
con veinte horizontes
en barco de vela.
De pisar muchas leguas de tierra
con distintos nombres,
distintas banderas.
Y en tos se pide o se guarda ya
el gran tesoro de la libertad.

Otros aires se respiran,
que los vientos que ahora corren
ya no son los que corrían.

Si me pierdo, que me busquen
a la orilla de la mar,
leyendo en el horizonte
la palabra libertad.

Un sí o un no, qué más da.
Una cosa es que te dejen
y otra tener libertá.

ESA FAMILIA HONORABLE
guajiras

Esa familia honorable
de mi pueblo, donde dicen
que a mil ochocientos quince
se remonta su linaje
con un mediano pelaje,
pero llevaban prendío
un largo y sonao apellío:
dones, doñas y excelencias
que traían con paciencia
a su pueblo protegío.

Ellos no malgastarían
en lujos ni en vanidad;
sus obras de caridad,
que jamás olvidarían,
eran dar los buenos días
cuando pasaba algún pobre
y algunos consejos nobles
que por caridad le daban
para que nunca olvidaran
quién les hacía esos favores.

Llevaban tierras de campo
en leguas, de un lao pa otro,
y por si esto fuera poco
regateaban a diario
el denigrante salario
que ganábamos, dejando
detras de la yunta, arando,

o con la joz en la siega,
sangre y sudor, con la briega,
gotita a gota en el campo.

Sabemos que algunos vais
los caminos desviando,
nos decían medio rezando.
Hijos, por qué os apartáis,
si otro camino no hay
que el único verdadero,
ese que nos lleva al cielo
rechazando tentaciones,
que las ideas y ambiciones
son peligroso veneno.

En este pueblo han sembrao
«que cualquiera pue aprendé»
y deberíais saber
que el leer pue ser pecao.
Conque andarse con cuidao
y elegir bien la compaña
que con tanta idea extraña
están vuestros sesos minando.
¡El diablo os va guiando,
que anda suelto por España!

Años de jambre venían,
si uno malo, otro peor,
y no cuajaba una flor
por lluvias o por sequías,
y la familia dio un día
con el remedio, al rezarle

de la mañana a la tarde,
y en la comunión diaria,
plegarias y más plegarias
por los que morían de jambre.

Y se fueron agotando
estas quebrantadas vidas
que llevaban compartidas
de novena a balneario,
de la baraja al rosario,
hasta que fueron muriendo
y poco a poco iban yendo
al cielo que bien ganaron.
Su casa la heredaron
las monjas de un beaterio.

LAS CAMPANAS DE MI PUEBLO

tangos

Ni a decir se atreve nadie
si la lluvia es pena o no,
vayan a pensá que abusa
de libertá de opinión.

Y pa purgá los pecaos
están poniendo en La Puebla
purgatorio de campanas
en lugar del de candelas.

Pegajoso sonsonete
o un tuntún aporreando,
las campanas de mi pueblo
nos estan martirizando.

Ni llorarlo ni sentirlo;
un adiós, un buen viaje
y olvidar, ya estoy cumplío.

Viéndolo y no lo creía.
Veinte mil misas de réquiem
cantás en un solo día.

QUÉ DOLÓ DE PUEBLO

siguiriyas

Qué pena tan grande
que no cambia el tiempo
y no se mueve ni una nubecita
que acabe con esto.

Qué doló de pueblo,
lo que ha soportao,
golpes y golpes y más golpecitos
en el mismo lao.

DE QUÉ FUERZA SE MANTIENE

tarantas

De qué fuerza se mantiene,
que yo nunca he comprendío
cómo al suelo no se viene,
si son puntales podríos
con lo que esto se sostiene.

Un golpe y otro podría
una fuerza quebrantar,
gota a gota, noche y día,
siendo tan grande la mar
hasta el mar se secaría.

PAÑOLITO BLANCO

alboreás

Cuatro potros cerriles
cortan el aire.
Esta noche las crines
vas a rizarles.

Pañolito blanco,
velito de novia,
¡viva quien le viene
de casta la honra!

Si del junco el agua,
del álamo el aire;
de tu flor abierta
sangra tu linaje.

Reluciente está mi huerto
de este ramito
de flor de almendro.

AL PUEBLO LO QUE ES DEL PUEBLO

soleares

Como al avaro el tesoro,
queriendo yo libertá,
siempre me parece poco.

Don Mucho y don Más reparten
el sol, la tierra y el cielo,
y nadie contó aquí nunca
con los derechos del pueblo.

Ya es tiempo de que se acaben
favores y privilegios.
Dar a Dios y al rey lo suyo,
y al pueblo lo que es del pueblo.

Cómo llegó a confundí
el jaramago amarillo
y la blancura del jazmín.

ECHEMOS A CAMINAR

cartageneras

Me gustaría a mí tener,
pa que el tiempo no corriera,
colgao de la paré
un relojito sin cuerda
con las manillas en las tres.

O la libertá o la muerte
es preciso conquistar,
paso firme, vista al frente,
y echemos a caminar
y que Dios reparta suerte.

DE UNA PIEZA ME QUEDÉ

alegrías

Triquitraque, paticorto,
pájaro tripón
sin plumas y con espolones
de peleón.
Te vi saltando en el coto
de la nación.
Que por las calles que pasas
te van poniendo
trapitos de colores
y sajumerio.

De golpe, a la par que entraba,
de una pieza me quedé
de encontrarme de repente
su retrato en la paré.
Pintao en un cuadro estaba.
A la puerta me salí
con tal no verle la cara.

Si el gobernante persigue
sin descanso al gobernao
es igual que si la viña
se la comiera el vallao.

Hubo un rey que jacía
lo blanco negro.
Jizo que pareciera
lo malo güeno.

ROMANCE A LA LIBERTAD

romance

Aquí no nacemos libres,
que aquí se nace en España,
y al cautivo, la amnistía
siempre le será negada.

Vengan aquí campesinos
de la sierra y de la arada,
aquí los de las ciudades,
los talleres y la fragua.

Llenaremos las más anchas
plazas mayores de España
con los triunfos en las manos
y la razón en la palabra.

Cantarán los cantaores,
aquellos que mejor cantan,
para cantar las cuarenta
que es lo que está haciendo falta.

Nosotros las cantaremos,
las cuarenta bien sonadas,
cuarenta mil veces cuatro,
la libertad deseada.

Que no nos harán favores,
que ha sido muy bien ganada
sobre sangre y sobre llanto
en cuarenta años de infamia.

Llegará el día,
y tendrá que llegar,
el día de la libertad.

José Menese, Serie: Hablan los partidos, PCE, vol. 8 disco 2, cara B (varios intérpretes), Dial Disco, 33 rpm, 1977

DE LA VIDA Y DE LA MUERTE

pregón y saeta

Los años mil novecientos
treinta y seis al treinta y nueve
saltaba España la comba
de la vida y de la muerte.

Escarnecida la tierra,
rota y abierta en canales
porque no quedaron piedras
ni vergeles ni eriales
que no pisara la guerra.

ASÍ ACABÓ LA PELEA

tarantas

Laí perdió al trigo,
así acabo la pelea,
que empezó sin un motivo,
como quien troncha una flor
por dar a una flor castigo.

Y España fue dividida
por donde más le ha dolido:
en justos y pecadores,
una mitad de vencidos
y la otra de vencedores.

EMPEZARON LOS CUARENTA

rondeñas

Se hizo el reparto de paz
tan alabado y bendito,
sin derecha y sin izquierda,
dando más bienes al rico
y a los pobres más miserias.

Entre jambre y jambre del pueblo
y altos jumos victoriosos
empezaron los cuarenta.
Entre jambre, calabozo,
ajuste y pago de cuentas.

Comenzó un largo rosario
de miedos y de miserias,
de pan negro y letanías,
de orden y de derechas
y una infame beatería.

LA MISERABLE MISERIA

fandangos de Huelva

Misioneros cantarines
de oraciones y plegarias.
Entre salmos y palteignaersi as
echan condenas plenarias
a infierno en sentencia firme.

La miserable miseria
en cartillas de raciones
para un no hay pan, que soporta
una jambre a borbotones
y una muerte gota a gota.

Y saltó el ladrón al ruedo
con venia del dictador
y se aprovechó del duelo,
de la jambre y del dolor
y las lágrimas del pueblo.

EN LA NOCHE, EL LLANTO

siguiriyas

En la noche, el llanto
la calma rompía,
que aquel silencio, desde el sur al norte,
muerte contenía.

SANGRE, SANGRE, SANGRE

tientos

Por no vivir de rodillas
fueron poblando y poblando los montes
guerrilleros en partidas.

Van y vienen pelotones
enlutando madrugadas,
que están los aires preñados
del eco de sus descargas.

Sangre, sangre y más sangre,
tan ancho río de sangre
cuando van a detenerle,
que al pueblo inunda y ajoga
un denso amargor de muerte.

CUANDO ESPAÑA ES UN LAMENTO

tonás

Cuando España es un lamento,
desesperación y lágrimas
alientan nocturnos ecos
con sones de Pirenaica.

TODO SE VA SERENANDO

malagueñas

Todo se va serenando,
ya todo en su puesto está.
La ley del ordeno y mando
corta, rige, quita y da,
y el pueblo va soportando.

Quien vino a tiranizar
tiene al pueblo bien sujeto.
La mano del general,
golpeando con decretos
los sueños de libertad.

A FUERZA DE CORAZÓN

jaberas

Viéndose venir de frente
tanto expurgo y tanta criba
se hizo el pueblo a las maneras,
y echó la cabeza arriba
contra vientos y mareas.

Y aguantó depuraciones
a fuerza de corazón.
Purgas, castigos, condenas,
campos de concentración
y la madre que los pariera.

DE LOS AÑOS SESENTA

bamberas

Qué pestilente amasijo
con los eternos valores.
El brazo seco de una santa,
el Opus Dei y los masones
con el demonio y el papa.

Primeras y augustas damas,
nobles, hijosdalgos y usías,
los que a Espana se vendimian:
la ilustre archicofradía
del zarpazo y la rapiña.

Una casta, compañeros,
que reparte dividendos,
y con ansiosa avaricia
a cachos se van comiendo
patrias, panes y justicias.

Y los pueblos se despueblan
y paso a paso caminan
a ir cubriendo por Europa
los talleres y las minas
de clase trabajadora.

Y el ayer como el ahora:
Miguel Hernández y Besteiro,
Centeno y Julián Grimau,
mil estudiantes y obreros
muertos o martirizaos.

YA SE VA A ACABANDO EL MIEDO

tangos

Ya se va acabando el miedo,
ya la lucha no descansa,
ya se funden en el aire
el temor con una esperanza.

Están cayendo uno a uno
o podríos o volando,
pero no sueltan la garra,
ni de la tajá y el güeso
ni de la sartén y el mango.

El pueblo la arrancará,
que ya no reprime el pueblo
sus ansias de libertad.

El fascismo ya no atina,
lanza sus palos de ciego
con muy poca puntería.

El pueblo se los devuelve
con pintadas y canciones
y con fiestas y claveles.

MUERTO A MUERTO

bulerías por soleares

No quieren soltar la prenda
porque España la ganaron,
golpe a golpe y muerto a muerto,
como trofeo de guerra.

Con frío rigor se echaba
una vez mas el franquismo
cinco muertes a la espalda.

Las cinco vidas tronchadas
con la libertá a su alcance,
a tiro de sus miradas.

Después murió el general,
tormento de mala nube,
gori-gori, joyo a él;
no hay mal que cien años dure.
Requiescant in pace, amén.

ESPAÑA, PLAZA MAYOR

tonás

España, plaza Mayor,
de tus pueblos y regiones
brota por tus cuatro esquinas
la esperanza en surtidores.

YA CLAREA LA MAÑANA

garrotín

¿Quién me dice que en la torre
no se mueve la veleta?
Esa veleta se mueve
aunque no haya dao la vuelta.

Termina la larga noche,
ya clarea la mañana,
ya se va lo oscuro y triste,
ya alumbra la luz del alba.

Ca uno jaga lo que pueda
hasta que el jierro se ablande.
Ese, yo y usté
su golpecito en el yunque dé.

No pretendo que mi voz
se escuche en la pía Roma,
que la escuche aquel que quiera
y que se aprenda la copla.

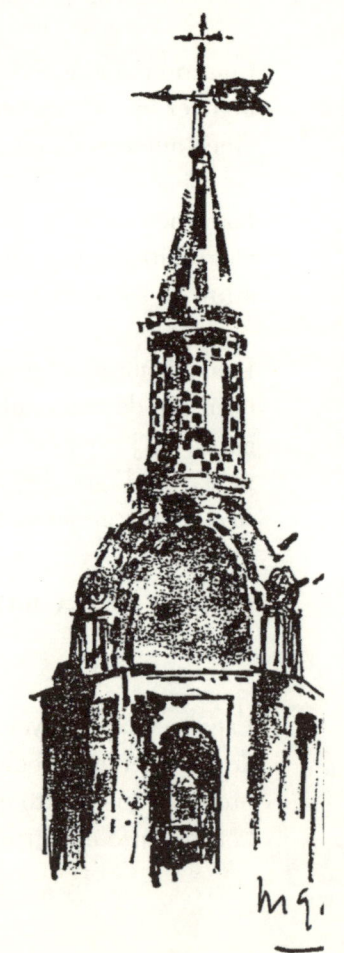

TAN HERMOSO BALUARTE

granaínas

«Viva Andalucía libre»,
gritó un hombre agonizante.
Honró su nombre la historia,
se llamaba Blas Infante,
bendita sea su memoria.

Y que viva mi tierra, viva,
tan hermoso baluarte,
que desde Huelva a Almería
es ancha por todas partes
la tierra de Andalucía.

LOS AIRES

tarantas

De la tierra y de los mares
los aires me soplan brisas
con sabor de claridades.
Me gustan las cosas claras
de las brisas de estos aires.

QUE LA VIRGEN NOS AMPARE

tientos

Que la Virgen nos ampare,
que ahora guardan el rebaño
con los mismitos, mismitos collares,
los mismos perros de antaño.

Ten cuidao con los pastores,
esos que nos pastorean;
ya lo dije en otro tiempo:
«Son lobitos en pareja».

Ventanita abierta,
abiertas entrañas,
abiertas al aire,
ay, en la torre la veleta
rompe el aire y rompe el viento,
pero uníos moveremos
cielo y tierra de cimiento.

Cuchillitos afilaos
rompen por medio la vida
a derecha y de costao.

EL MOTIVO DE MI CANTO

soleares

Por qué han de llamar locura
el motivo de mi canto,
y el compartir con mi hermano
la risa, el dolor y el llanto.

Qué alegría caminar
por este camino abierto
con rumbo a la libertad.

De tu mano, compañero,
yo contigo y tú conmigo
y no podrán con nosotros
las siete plagas de Egipto.

Reniego del desencanto,
eso es no creer que tiembla
la hojita verde en el árbol.

LAS PUERTAS DE LA ESPERANZA

tangos

Me has salido zajorí,
anda vete, zajorí,
que vas poniendo nubes negras
y sombras al porvenir.

«El que se pica ajos come»,
y se duele del picar,
y suelta palos de ciego
con juicios y consejos
al que dice una verdad.

Llégate al pueblo y verás
las puertas de la esperanza
abiertas de par en par.

Ay, navegara,
si pudiera navegar
en un barco con tu nombre
y siendo yo capitán.

De la fuente, de los aires,
y traemos brisas nuevas
y otros sones pa otros bailes.

ESA FORTALEZA

siguiriyas

Esa fortaleza
que nadie la guarda
yo guardaría, yo llevaría, mu arrebujaíta,
dentro de mi alma.

Esa bandería
que de golpe entró,
como era tanta, tanta la vergüenza,
m'avergoncé yo.

Y aluego vi cómo salían
señor coroné,
uno tras otro, aquella gavilla,
que mandaba usté.

MALA CARA TIENE EL PARO

tangos de Málaga

Mala cara tiene el paro
y na buena la sequía,
y entre la Marta y María
vamos pasando un mal trago.

Porque un hombre sin trabajo
es un hombre sin destino,
que se le ha torcío el sino
y no lo dejan de andá
ni p'alante ni p'atrás,
como varao en su camino.

El trabajo es un derecho
que tos los hombres tenemos,
y que si no lo ejercemos
desde aquí pido y exijo
que abran tajos pa los hijos
que en esta tierra nacemos.

Hay una clara tristeza
en la gente marinera.
Las tripulaciones presas;
las barquitas prisioneras.

No encuentran sitio en los mares
pesqueros como tesoros.
Barcos, peces, chirimbolos
nos lo roban sin empacho,
ya el almirante gabacho
o el mismísimo rey moro.

NADIE EXTRAÑE MI ESPERANZA

verdiales

Nadie extrañe mi esperanza
ni el valor de mi deseo,
que quiera coger el sol
quien fue tantos años ciego.

Ven conmigo, compañero,
allí donde el sol se esconde.
Veremos el porvenir
desde lo alto del monte.

Que vengan aquí y le pongan
horizontes al mañana.
que yo abriré porque puedo
las puertas de la esperanza.

YA HEMOS PASAO, COMPAÑEROS

romance

Ya hemos pasao, compañeros,
la senda de la fatiga.
Estamos a las mismas puertas
de la tierra prometía.

Compañero, si no vieras
cumplía tu voluntad,
esa tierra abrió caminos
y ellos prevalecerán.

He visto infinita gente
abierta a la esperanza,
y matar sus ilusiones
nubes de mala calaña.

Creo en la yerba y creo en la piedra,
en la alondra y en el río,
creo en los cuatro horizontes
y el fruto de los olivos.

Creo en ti, creo en la noche,
en las calores y el frío,
y porque te quiero creo
que el mañana es tuyo y mío.

Ancha es esta senda
y son los caminos
a la mar abierta.

AL TRIGO EN LA GRANAZÓN

tarantos y tarantas

A lo primero tú me dabas
azúcar y agua de lirios,
pa luego vení a dejarme
tan malamente jerío,
tirao en medio de la calle.

Al trigo en la granazón
le da un parecío mi Diego.
Mi Pastorilla y mi Ana
pimienta y canela son.
¡Y esa María de mi alma!

MARE, SOBRE EL TRIGO LLUEVE

tangos

Mare, sobre el trigo llueve,
en el monte está nevando,
y el triste corazón mío
en fuego se está quemando.

Echale valor, serrana,
vente a mi vera a esperar
las trompetas del juicio
ronquitas y destemplás.

La arena de los desiertos
fui sembrando de corales,
miá si quedaron bonitos
tantísimos arenales.

José Menese, ... Ama todo cuanto vive, RCA, PL-35390. 33 rpm. 1982

TE LLEVO DENTRO

tonás y livianas

Mi corazón abierto
tengo a la espera
del día que lo traspases,
cuando tú quieras.
¡Cómo te siento!,
que antes de traspasarlo
te llevo dentro.

No sé qué sería,
mare de mi alma,
de aquella venda, que tan fuerte era
que a mí me cegaba.

Con mis propias manos
yo lo sepulté.
Cómo regaba la tierra aquel llanto
que yo derramé.

POBRE LE SIGUIÓ

campanilleros de la aurora

Cuando estaba la Virgen María
dorando la almendra y el ajonjolí,
para un dulce que al Niño le hacía
en los tres añitos que había de cumplir.
Y sucedió así:
que al tocarlas sus divinas manos
endulzás quedaron con sabor a anís.

Una boda que se celebraba
con mucho tronío y rumbo en Caná,
faltó el vino, que tan bueno era,
y en muy poco tiempo no quedaba na.
Y nuestro Señor,
bendiciendo catorce tinajas,
el agüita clara en vino volvió.

Jesucristo, con ser Jesucristo,
que tanto podía, descalcito andó.
Sólo tuvo la noche y el día
y el que le seguía, pobre le siguió.
Y todo cambió,
el camello pasó por la aguja
y los siete cielos el rico compró.

«NI VI MÁS ÁSPERA COSA NI MÁS BLANDA QUE LA LENGUA»*
guajiras

Tarambana, sacatrapos,
charlatán, parlicansino.
Raja, rompe y pierde el tino
y no sabe qué destruye.
Con lo que opina y arguye
no nos deja oveja sana;
corta orejas, patas, lanas,
y al final de este destrozo
cobra más por cada trozo
que el amo por la manada.

No ves que nos mortifica
tu diaria perorata,
metes mil veces la pata
en nombre de la verdad;
pero, de verdad, no das
una vez sola en el blanco.
Vaya usted a saber de cuándo
viene esa sabiduría,
que yo con la poca mía
me da vergüenza escucharlo.
Dando ese sermón diario
y el juego de la pelota,
se va tomando la sopa
que le niega a los cantetas,
cuando él mama de dos tetas

* El título es una cita extraída del proverbio 157 de los *Proverbios morales*, de Alonso de Barros, publicado en Madrid en 1598.

de las ovejas que ensarta
quitando y poniendo faltas,
que es juego muy apropiado,
de ignorante espabilado
pa pregonar su ignorancia.

DAME UNA MANO, POR DIOS

tientos

Hermano mío, por quien doblan,
doblan ya tan de mañana,
ha muerto el corazón mío,
hermano, esta madrugada.

He pasao tan gran desengaño,
y estoy al cielo agradecío,
porque de un golpe ma quitao la venda
que tan ciego ma tenío.

Dame una mano, por Dios,
ahora que te necesito,
ahora que es tu obligación.

Sembré una naranja,
salió un limoná.

El monte arriba arriba
no tiene arroyos,
tiene unas madroñeras,
comparito mío,
cargás de madroños.

LA MAR BRAVÍA

cantiñas

Si la Santa Inquisición
en el potro me metiera,
no renegaría de ti
aunque allí mismo muriera.

Malhaya la mar bravía,
malhaya el barco y las velas,
el viento y las mansas olas
que mi corazón se llevan.

Cantan los gallos al alba,
les tira la inclinación.
Ca vez que digo te quiero,
me sale del corazón.

Qué algarabía.
Es la tormenta
que yo temía.

Entre el puente de tabla
y el de Tablada,
el puente de San Telmo
y el de Triana.
Eso sería
antes de que cortaran
el río a Sevilla.

YA CLAREABA

serranas

Yo me puse en camino
antes del alba.
Cuando llegué a tu puerta,
ya clareaba.

Mi corazón de gozo
puso a repique
la torre sin campanas
de Don Fadrique.

Y es que era tanto,
fue tanta cosa,
que pusiera la gloria
más luminosa.

Si me dieran los cielos
no los quisiera,
que yo no tengo arquita que guardara
tantas estrellas.

NI EL CLARO ARROYO

soleares

En este tiempo sin verte,
tanto doló he soportao
que en otro, fuera la muerte.

Pídeme que yo te ponga
el firmamento en el suelo,
y voy a sembrar la tierra
con las estrellas del cielo.

Ni el limpio y el claro arroyo,
ni la fresca agua de noria,
serán más puros, abiertos,
que el corazón de Juan Soria.

Allí donde usted lo ve,
Juan Soria es más claro y justo
que de la balanza el fiel.

Que me quieres más que a nadie
y me estás crucificando
sin cruz, sin clavo y sin sangre.

LA QUIERO PORQUE LA QUIERO

rondeñas

De la historia del queré
tú quieres borrá el libro,
pero yo no m'atermino
d'echá un borrón al papé
que tú y yo habíamos escrito.

Me volvías a olviá,
soñé que tú me querías,
y una vez que te tenía,
el sueño volvió acabá
o está durmiendo toavía.

Déjame, buen marinero,
de subí al palo mayor
pa poné encima un letrero
que diga a la luz de sol:
«La quiero porque la quiero».

EL CASTIGO

malagueñas

Por quererte en hora mala
a Dios le pío el castigo,
que la tierra que pisara,
yendo a encontrarme contigo,
que s'abriera y me tragara.

Miguel Vargas, Haciendo camino, Discophon, B11449, 33 rpm. 1982

Y VERÁS MIS PENAS

siguiriyas

Ábreme las mías entrañas de mi cuerpo
y verás mis penas,
que por tu culpa voy juntando las unas con las otras
como una caena.

Doló que naciere
sabrá dónde estoy.
Así las penas se vienen conmigo,
y con ellas voy.

COSA PROPIA ME PARECE

soleares

En cualquier cosa que jacía
me mostraba su queré,
que a la puerta s'asomaba
hasta verme trasponé.

Cosa que pasa a mi lao,
cosa propia me parece,
a uno le jierve la sangre
y otro de hielo la tiene.

Lo que yo diera por verla
y sé que ella no jaría
alzá los ojos siquiera.

LA LUZ DE MIS NOCHES

tientos

Serías tú pa mí,
un tal cual serías tú pa mí,
en un momento serías tú pa mí,
como la luz de mis noches,
las puertecitas grandes del paraíso
o la limosna pa un pobre.

A un campanario subiera
pa yo poderte ver un poquito más
cuando te vas de mi vera.

Una semejanza
con las olas del mar,
que valientes eran cuando vienen
que mansitas cuando se van.

Aquí nadie es más que nadie
ni en vergüenza ni en tamaño,
que un hombre es igual que otro
mientras le queden reaños.

Que cuenten de mi vía
infames calumnias,
que de mí murmuren
de puertas afuera,
me lo echo a la espalda:
«Y agua va pa lo que suena».

SERÁS MI PARAEÑA

peteneras

Antes que yo renegara
del queré por tu persona,
los moros de Berbería
renegarían de Mahoma.

Vente conmigo a Pará
y serás la paraeña
de más casta y bien plantá
que entró por aquellas puertas.

Contigo me fuera yo
a los desiertos de arena.
a pasá, si hay que pasarlo,
juntos, fatigas y penas.

ESTE SENTÍ

tarantas

Vivimos, si esto es vivir,
yendo del odio al querer.
Así, con este sentí,
llegaremos a saber
lo que es morir sin morir.

CUANDO TE VEO

tonás y livianas

Yo no sé si es cariño
lo que te tengo,
pero m'entran temblores
cuando te veo.

Poca tierra precisa
mi limonero.
Con poca letra escribo
«por ti me muero».
No jace falta.
Limonero y cariño
son cosa amarga.

Llamas de candilejos
poniente luce.
Del agua de mañana
son los barruntes.
Y esta gitana,
si se alegra, barrunta
llanto mañana.

YO NO SOY MENOS NI MÁS

tangos de Málaga

Dios me asista en la palabra
y en el eco de mi voz,
que lo que quiero largá,
se m'entenderá mejor
teniendo claro el cantá.

Estoy dispuesto a aguantá
lo que aguantó Tijereta,
muchos carros y carretas
y carreros además.

Yo en el cumplí doy el pecho,
siempre me tiran p'atrás.
Yo no quiero pensá mal,
pero a mí me va y me viene
y no sé qué origen tiene,
el mal trato que me dan.

Porque allí donde otros vayan,
yo también quiero llegá.
Yo no soy menos ni más,
pero me está pareciendo
que aquí hay quien cierra por dentro
pa que yo no puea entrá.

POR SAN PEDRO HARÁ UN AÑO

bamberas

Vente de tu voluntá,
porque te dé a ti la gana.
Si luego hay dificultá,
el queré toíto lo allana.

Por San Pedro hará un año
que tú y yo fuimos a vernos.
Si san Pedro hizo la gracia,
qué gracioso fue san Pedro.

Bendita sea la mare
que a este mundo te trajera.
Bendita la partera,
el sajumerio y la alcoba.

LO TENGO COMO PRESENTE

mirabrás

Lo tengo como presente.
Una mañana lluviosa
trepé, detrás de una liebre,
la Cuesta de la Palmosa.
Llegué estrozao,
y al animalito lo habían trincao.

Y anda y aprieta el paso
que el más cansino viene volando.
No t'entretengas,
que to aquel que se duerme,
pierde la presa.

Que una faena,
quiera o no quiera,
la remato con media
lagartijera.

Abre la puerta, Adelaida,
vengo como estrozao.
Tus favores no me niegues
y alíviame mis pecaos.

No se me olvía
la maldita mañana,
cuando llovía.
Aquel que madrugara,
la presa mía.

Cuando t'entriegas
a mi persona,
campanas me repican
tocando a gloria.

TENGO UNA PENA

soleares

Tengo una pena, una pena
y un doló grande que a mí me mata.
Pena que me da la vía,
y la muerte si me faltara.

Mira que estás dando lugá
que jaga cuenta, cambie el rumbo,
y que me vaya p'atrás.

Que no volverías a verme
casi muerto te juré,
y hoy vuelvo poquito a poco,
paso a paso, a tu queré.

¡Quién lo habría de decí!
Que tú volvieras la cara
cuando me vieras vení.

PALABRITA QUE YO DIERA

cartageneras

Ni papel ni pluma quiero.
Palabrita que yo diera,
sin firmarla la mantengo,
y atrás no podrá volverla
ni el Dios de los firmamentos.

ME SUBÍ A UN ARBOLITO

serranas

Me subí a un arbolito
por ver la senda
por donde se llevaron
a mi compañera.

Tantas fueron mis penas
que yo guardaba
que llanto como arroyos
no consolaba.

Ay, qué martirio,
que lágrimas no puean
darme alivio.

Mira si fueron grandes
mis amarguras
que yo rayaba con las mismitas lindes
de la locura.

VAN SIN REMEDIO A LA MAR

fandangos de Huelva

Van sin remedio a la mar
las corrientes de los ríos,
y los pensamientos míos
a ti vienen a parar,
que te llevo en el sentío.

Me pides explicaciones
del qué, del porqué, del cuándo.
Si motivo te estoy dando
pa que vayas bendiciendo
la tierra que voy pisando.

Si he cambiao de pensá
no tengo remordimiento.
Varío mi sentimiento.
Mareas tiene la mar,
mudanzas tienen los vientos.

PORQUE TE DIO POR AHÍ

fandangos de Lucena

Me volviste ayer la espalda
porque te dio por ahí.
Hoy, con los brazos abiertos,
me vienes a recibir.

Serrana, vete con tiento,
aplaca tu altanería,
te resabias de los tiempos
que con tu mare vivías.

No me va ni me viene,
ni el sueño me va a quitá,
si quieres dirte o venirte
o si te quieres queá.

BUSCANDO CONSUELO

siguiriyas

Miro yo a las alturas
buscando consuelo,
y no me respondían santitos ni justos
de los altos cielos.

A la mar m'asomo
buscando el consuelo.
Allí veía las velitas blancas,
el agua y el cielo.

TU MARE LOS VUELVE ATRÁS

garrotín

Pasitos que tú y yo damos,
tu mare los vuelve atrás.
Tiene tu mare más fuerza
que el capitán general.

Vete arriba, vete abajo,
vete p'atrás o p'alante.
Vete donde no te vea,
a ver si pueo olvidarte.

Siempre pendiente de ti
y ni la cara me das.
De cuando unas palabritas
pa regalarme, na más.

Dile a tu mare que mire
lo que no quiere ni ver:
un hombre de cuerpo entero
de la cabeza a los pies.

LAS ZARZAS Y LOS PALMARES

martinetes

Las zarzas y los palmares
no tienen comparación
con las espinas y abrojos
que tiene mi corazón.

Los jierros del calabozo
y los de mi jerrería
m'acompañan y vigilan
las desgraciaítas mías.

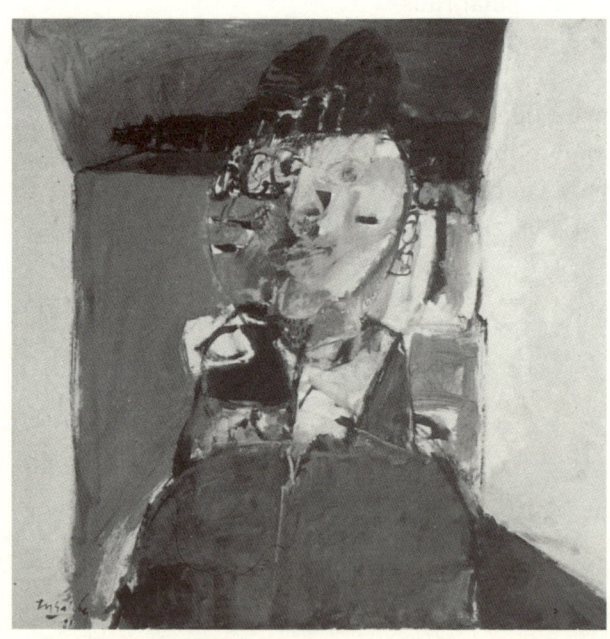

TORTOLITA

campanilleros

Hasta Herodes llegaron noticias
de que un rey de reyes en Belén nació.
El maldito sentencia de muerte
pa to los nacíos firmó y rubricó.
Pero el Niño Dios...
Vino un ángel y avisó a la Virgen,
juyeron a Egipto y fue la salvación.

Una tarde que estaba la Virgen
cosiendo y cantando sentaíta al sol,
llamó al Niño, y el Niño no estaba.
Atribulaíta la Virgen quedó.
Pero apareció...
que en el templo a doctores y obispos
enseñaba el dogma de la religión.

Una tórtola muy maljería
a los pies de Cristo se vino a caer.
Jesucristo la cogió del suelo,
le besó las alas y voló otra vez.
Pero no se fue...
Que en el hombro divino de Cristo
se puso arrullando, llena de placer.

MARINERITA

colombianas

A dónde va esa mulata
tan galana, a dónde va.
Si hace diez años que falta,
nadie la conocerá.
Va a lucir cinta de lata
en la fiesta de San Juan.

Amarilla es la naranja,
de color caña el limón,
con las penas que me has dao
de la cera es mi color,
que poco a poco has dejao
sin alas mi corazón.

Que no pueo
decirte con palabras
lo que te quiero.

Dos olivitas nacieron
del claro y verde olivar.
Crece una, crece otra,
ambas iban a la par.
Los ramos que se juntaban
besos y abrazos se dan.*

Marinerita,
que yo no pueo
de tu barco de vela
ser marinero.

* Párrafo inspirado en el romance del Conde Niño: crece el uno, crece el otro / los dos se van a juntar; / las ramitas que se alcanzan / fuertes abrazos se dan...

NO SÉ LO QUE M'ENTRÓ

bulerías por soleares

Yo no sé lo que m'entró,
que en aquel negro momento
el espíritu del alma
de mi cuerpo se najó.*

Vente enseguía a la vera mía
y no te detengas un momento.
Alas tuvieran tus pasos,
que yo sin verte me muero.

Leal como las pieras,
firme como la muralla,
así es como te quisiera.

¡Es tan larga la tardanza!
Y es que mis deseos crecen
y menguan mis esperanzas.

Dime cómo lo has sabío,
cómo viniste a enterarte,
del doló que a mí me mata,
si no se lo dije a nadie.

* En caló, escapó.

José Menese, Puerta Ronda, RNE, NS-2001-C, 33 rpm, 1986

APENAS MIRÉ TUS OJOS

fandangos de La Puebla

Me deslumbra su reflejo
apenas miro tus ojos.
Me deslumbra su reflejo,
como el brillo de las olas
del mar a los marineros,
apenas miro tus ojos.

Cuando m'encontré contigo,
Manuela Vázquez Cañada,
cuando m'encontré contigo,
mi corazón golpeaba
al tiempo de mis suspiros,
Manuela Vázquez Cañada.

LOS PASOS QUE DOY

siguiriyas

A nadie le duelen
los pasos que doy.
Que yo no tengo quien me vaya y me venga,
si vengo o si voy.

Yo romperé la muralla
aunque me muerdan centinelas y perros
que a mí m'avasallan.

El odio y la pena m'agarran
igual que cizaña
que va ajondando, como las raíces,
hasta mis entrañas.

TORRE DE LA BABILONIA

romeras

Que me costó dos mil tormentos;
si grandes fueron,
luego vinieron
dobles contentos.

Torre de la Babilonia,
andabas rozando el cielo
y te viniste abajo
d'un sí o un no; yo no t'entiendo.

Enfila tus escuadrones
y refuerza tus murallas,
alerta a tus centinelas
que viá librarte batalla.

Lanza tus fuerzas,
que viene mi cariño
pidiendo guerra.

Lealtá me has prometío,
ilusiones no me jago,
que tú eres capaz de venderme
al primer canto del gallo.

Qué mal te veo,
qué mal te veo,
que contra más me juras,
más te recelo.

CÓMO LLEGARON A ARDÉ

rondeñas

Cómo llegaron a ardé.
Vi cenizas apagás,
odios y cariños muertos
volver a odiar y a queré,
que algo requema por dentro.

En el campo sonó un tiro,
que los montes retumbaban.
Su cuerpo cayó en la tierra,
la tarde l'echó su capa.

Anoche al salí la luna
te vi que estabas dormía
por un rayito de luz
que entraba por la cortina.

PUSIMOS A REPICÁ

soleares

Que tu corazón y el mío
pusieron a repicá
toítos los campanarios
que siembran la cristiandá.

Ya puedes romper los lazos,
memorias y compromisos;
papel, palabra o contrato
que tú hayas tenío conmigo.

Esto que me va matando
lo mismo que una agonía
es como un doló de clavo
a toas las horas del día.

Te entrara una temblaera,
que te dé un alferecía,
que el Señor te recogiera.

LAS OLAS DEL MAR
tangos

Eché una manda por ti,
ni comía ni bebía.
Ya ves que por tu cariño,
morí no me importaría.

Las olas del mar no tienen
horitas pa descansá.
De cuando me paro a ratitos
pa mirarlas trabajá.

Ya tendrás remordimiento,
ya te dolerá algún día,
el haberme venío matando
con saña y a sangre fría.

Aguanté como un valiente
que el demonio me tentara
en aquellas horas muertas
que mirándote pasaba.

Esto quiero, esto no.
No nos vamos a entendé,
que tu mare trinca y tira,
y to lo vuelve al revés.

Mira si es caprichosa,
que me pedía
una cinta morada
que yo tenía.

Que yo tenía, mira,
que yo tenía,
una cinta morada
y me la pedía.

TOCAN A LEVA
caracoles

En Sanlúcar y el Puerto
tocan a leva,
por verte m'enrolara
en una galera.

Si me vieras morí
que m'entierren allí
donde caiga un lentisco,
romero y un alhelí.

Romero verde,
verde romero,
de las flores del campo
la que más quiero.

Dígame usté.
Si el agua amarga,
tiene por qué.

Nuestros ojos fueron a encontrarse.
Me dio una corazoná
que las puertas grandes de los cielos
s'abrieron de par en par.

Con mirarme y con mirarte
jicimos solos
un baluarte,
bajo custodia de san Miguel.

Caracoles,
caracoles.

NAVEGANDO ME PERDÍ

rondeñas

No hay quien iguale a un rondeño
cuando extiende la mirá.
Son los serranos de Ronda
como el águila reá.

ENTORNA LA PUERTA

marianas

Cuando tu mare te llame,
entorna la puerta.
Haz que suene la llave
y déjala abierta.

Corazón, corazón,
esta noche jaremos
encajes de bolillos con puntitas
tú y yo.

Agotaíto, fatiga y cansera.
A pasito a paso, mi alma me rinde al sueño.
Ay, el sueño,
pero en llegando a tu puerta, carne de mis carnes,
por ti me desvelo.

¡Mi alma, te quiero!

Que nuestro gusto se logre,
que el negro cielo se cuaje de estrellas,
serena, sin luna y oscura la noche.

Ya se escucha el cantar de los gallos,
y su canto anuncia que ya viene el alba.
Esa es la horita,
que se pone el cuarto, tu cuarto, color de malva.

Amaneciendo juntitos los dos,
de tu casa a la mía
de noche suena, de noche suena,
suspiritos y quejas,
entrañitas mías, como una caena.

Miguel Vargas, *Al aire mis ilusiones*, Senador, D-01057, 33rpm, 1990

TU VOLUNTÁ ME SENTENCIA

peteneras

Tu voluntá me sentencia
muerte de necesidá.
No habrá cuchillos bastantes,
justicieros ni verdugos,
pa poderme rematá.

DAREMOS VIDA A LA VIDA

tangos

Escucha, pueblo que andas
por naciente libertad,
no será este pueblo libre
sin aire que respirar.

Dile a la alondra cantora,
sabia paloma silvestre,
que en el arroyo no beba, y si a la colina llega,
que aquellos aires no vuele.

Quien pudre el aire y el agua
quita la vida a la tierra
como de una puñalada.

Ay, brote la espiga,
la yerba y la espiga brote,
brille el sol, brillen los mares,
espejos al horizonte.

Daremos vida a la vida
a la alondra y a las flores,
y a la paloma su oliva.

LAS CANALES DE TU PUERTA

soleares

Las canales de tu puerta
y las pieras de tu calle
de lo que yo te he querío
son testigos presenciales.

Y por Sant'Ana se cuenta
que pa taparle la cara
salieron por toas las puertas
las mujeres de Triana.

Como la puerta crujía,
aceite l'echaba yo
la noche que tú venías.

FE, CORAJE Y ESPERANZA

tientos

Espera hermano al mañana.
No es güeno desesperá;
nunca s'a jecho na grande
sin paciencia y voluntá.

Fe, coraje y esperanza.
Que si algo cuesta sangre
s'aprecia cuando s'alcanza.

Compadre, valientemente,
mira si será talento
robá en la Casa Cuarté
estando la guardia dentro.

Sembré un claro limonero,
serrano romero verde
y corales marineros.

ECHÉ CORAJE DOS VECES

polos

¡Qué me pasará contigo!
La luz del entendimiento
me falta cuando te miro.

Desde que vivo en el mundo
eché coraje dos veces.
Primero, cuando te quise
y aluego p'aborrecerte.

A la aurora canta el gallo,
con el sol se enseñorea
y aluego a la medianoche
vuelve a cantá y aletea.

DOLÓ QUE NACIERE

siguiriyas

Ya viene la noche
sin sabé por dónde.
La noche tiene rinconcitos negros
y no sé lo que esconde.

LAS ALFORJAS DEJÉ YO

garrotín

Las alforjas dejé yo
a las puertas de un beato.
Entre rezos y pías plegarias
yo vine a perdé mi jato.

Se te ha subío a la cabeza
y a la rubó de la cara
una cierta desvergüenza
y un aire de generala.

Quiéreme al fin,
que si mucho me aprietas
rezo en latín.

Siempre sabré lo que quiero:
un caballo, una escopeta,
un olivar de verdeo
y diez costales de pesetas.

Deja que la noche llegue,
que con luna pondremos
al gato los cascabeles.

Zaragata, zafarrancho,
zafarrancho, zaragata.
A ver quién le junta a esto
el rabito con la pata.

BRILLÓ AQUELLA AURORA
villancicos

A Belén habían llegado
muy solos José y María,
y les negaron posada
cuando el sol ya se ponía.

Atribulado, José
lo que hacerse no sabía
y salió de la ciudad,
que Dios le sirvió de guía.

Cerca el esposo un establo encontró
con el pesebre y el buey que allí había.

Aquí mismo nos quedamos,
dijo la Virgen María,
que como estaba preñada
muy cansada se sentía.

Al ver José que su esposa
a quedarse decidía,
le dijo con dulce amor
que otro lugar buscaría.

Busca acomodo, José, y no te aflijas
que este pesebre a mí me servirá.

Que no era un establo sitio
para el Dios que nacería,
porque a Dios le corresponde
nacer como quien sería.

Que un palacio con mil torres
poco le parecería;
una cunita de plata
debe acunar al Mesías.

Los pesares de José a su esposa turbaban,
con humildad los aceptó porque de Dios venían.

Sábanas de fina holanda
su piel acariciarían
y no el heno de un pesebre,
que eso no se merecía.

Allí donde nazca un Dios
aquel su trono sería.
Y si en un monte naciera,
palacio el monte se haría.

Porque si aquí Dios nos quiso traer,
en lugar plebeyo su gloria estaría.

Cuando llegaron del parto
los dolores a María,
no eran dolores en ella
que en gozo se convertían.

Y cuando nació su hijo,
se vio que razón tenía.
Aquel miserable establo
un palacio parecía.

En el portal la alegría reinaba
y en la noche oscura brilló aquella aurora.

GITANA COMO AQUELLA

soleares

Ni la alondra maljería
que con su canto muriera,
se quejó con más doló
que Fernanda la de Utrera.

Qué doló de criatura
qué castiguitos le daban
porque al pan le llamó pan
y al vino, vino llamaba.

Como un hijo lo quería,
ahora que no está conmigo
lo quiero más todavía.

Quisiera volverme ciego
a que mis ojos no vean
lo que mis ojos están viendo.

José Menese, *El viento solano*, CD Fonomusic, 1993

VETE A LA CALLE

fandangos de Huelva

Yo no sé ni lo sabré,
pero a mí me maravilla
un algo y un no sé qué,
que en tanto no lo averigüe
a mí me trae a mal traé.

Un sinviví estoy sufriendo,
en un continuo sufrí.
Puse en ti mi pensamiento,
fue una condena pa mí
y origen de mi tormento.

NO TE DESVELES

nanas

El sol rompe la niebla
centelleando,
y el olivar se empina
para alcanzarlo.

Una noche serena
llena de estrellas
anuncia madrugadas
más heladeras.

Duérmete Joselito,
no te desveles,
que el manto de la noche
guardarte quiere.

Ea la ea ea,
ea la nana.
Duérmete mi lucero
de la mañana.

EL VIENTO SOLANO

siguiriyas

Aquel que sintiera
lo que a mí me pasa,
Dios se lo pague y le diera más fuerza,
porque a mí me falta

S'acabó la luz,
mi casa está en sombra.
Ca rinconcito donde respirabas
te guarda memoria.

CONFIRMO Y AFIRMO

tientos

Se me metió en mis adentros
que hasta el morí te querría,
aunque tenga más contrarios
que moros la morería.

Firme me mantengo,
firme hasta la muerte.
Confirmo y afirmo
que no he de cambiá,
que como firme me he de sostené.
Cuando muera, dirán siempre:
«murió pero firme fue».

A la hora de querer
no sirven los escarmientos,
ni talento ni juicio
ni razón ni entendimiento.

COMO LA PIEDRA

peteneras

Firme yo como la piera.
¡Tanto tormento y doló!
Pa que yo no lo sintiera
celdas en el corazón
es menesté que tuviera.

HASTA EL MORÍ

Tientos

Van unidos siempre hasta el morí.
Sin las fatigas y las miserias de un pobre
no podrá un rico viví.

La rabia del que se va
del sitio donde ha nacío;
que doló la tortolita
que l'arrancan de su nío.

QUÉ BUENA GITANA
siguiriyas

Pa pedir mi mano
siempre acudiré.
Que no me llamen pa guerra de moros
porque yo no iré.

Qué triste es el día,
qué amarga la noche,
porque no encuentro sitio donde arrimarme
donde yo no estorbe.

A LA HORA DE QUERER
tientos

Lo que piensa esta serrana
me tiene que importar más
que de lo que de mí pensaran
en el juicio final.

El fuego de tu querer
de pronto alumbró mi alma
cuando entró en mi corazón
y se prendieron las llamas.

En la madrugá,
abre la luna por medio,
en medio del verde olivá.

CUANDO TE VEO VENÍ

bamberas

Tengo una vecina enfrente
que parece buena moza.
Hoy le di los buenos días.
Principios tienen las cosas.

Cuando te veo vení
con ese vestío nuevo,
yo no sé lo que me da.
Me pide el cuerpo jaleo.

CLARA ES LA LUNA

tientos

Clara es la luna serrana
en los llanos de Marchena.
Clara y cabal se le llama
a la inmensa luna llena.

EL TORO Y LA RABIA

siguiriyas

De azules rosas
la tristeza llama
de negro y blanco, el toro y la rabia,
y el dolor de España.

FINA COMO LA NÁCAR

tientos

Alta luna marchenera,
menguada luna serrana,
no se cuál luna es más llena
ni cuál de las dos más clara.

Al derecho y al revés,
una vuelta y otra más.
Jace farta, compañero,
que vayamos a la par.

El pocito de agua dulce
donde yo beber solía,
de fina como la nácar
salobre se volvió un día.

En la torre está el reló
y el mochuelo en el olivo,
en mi corazón la pena.
Cada cosa está en su sitio.

TÍA GILICA

soleares

Quisiera Dios que me oyera
y que las piedras hablaran,
y que el castigo viniera
como yo lo deseara.

Anda con Dios, bien te logres.
No te deseo mal ninguno,
hora de salú no tengas
mientras vivas en el mundo.

Triste el cante que se canta
con el corazón llorando.
Pero ¿qué se da en el cante
cuando se canta rabiando?

A FRANCISCO

tonás

Que las carnes se m'abrieran,
que me partieran los güesos,
antes que llevá esta pena
que no resiste mi cuerpo.

PASTORA

peteneras

Si tienes quejas de mí,
mátame si te parece,
pero no vuelvas la cara
cuando en la calle m'encuentres.

¿Tienes való, compañera,
de olvidarme a sangre fría,
cuando se le toma ley
a un perrito que se cría?

Ocho voces claman fuerte,
ocho pueblos cantan alto,
ocho provincias unidas
dan a Dios un sobresalto.

PICASSO

tangos del Piyayo

Cuando nació el niño Pablo
fue y levantó la mirá
y le entraron por los ojos
cien almendros y la mar.
En Málaga, el niño Pablo
fue y levantó la mirá.

Su madre canta la nana
del carpintero y la cuna,
de la gitana y el puente
y los cuernos de la luna,
y grabó el mundo en su frente.

Voy a la orilla del mar
del día al amanecer,
y allí solo con mis penas,
mirando el agua correr,
el recuerdo de mi madre
pienso que no ha de volver.

Ay, Pablo,
ay, Pablo Ruiz Picasso,
ay, niño de ojos redondos.
Se metió en la vida a fondo,
abriendo en par la ventana,
puso rosa la mañana.
y un ¡ay! en el cante jondo.

DENTRO DE MI PECHO UN FUEGO

malagueñas

Caminitos encontraos.
No me gustan viejas cuentas,
ca uno vaya por su lao
que el que me busca m'encuentra.

Dentro de mi pecho un fuego
yo sentí que s'encendía,
y cuando apagarlo quise
me lo encontré en llama viva.

OCHO VOCES CLAMAN FUERTE

tientos

No me fío del que mira
ni del que vuelve la cara,
que un perrito maltratao
con poca cosa se escama.

Aunque digan lo que quieran
en vía de nadie me meto.
La boquita del prudente
lo público jace secreto.

Yo no tengo que firmá
que mi palabra es más fuerte
que el Peñón de Gibraltá.

¿Quién m'alivia este doló?
Perdí de la noche al día
lo que tanto me costó.

UNA ESTRELLA Y UN ANCLA

alegrías y cantiñas

Río de las velas blancas,
orillas de ramos verdes,
hermano de torres de oro,
señor de los cuatro puentes.

Anda y dile a tu mare
que no se alegre,
que no cante victoria
porque no puede.

Una estrella y un ancla
son las señas de la mar.
Bórdame un ancla en el pecho
que me voy a navegar.

Tú me llevaras
contigo fuera,
al fin del mundo
si tú quisieras.

He de pintar blanco y verde
los costaos de mi barca,
y allí tu nombre y el mío.
Dos corazones y un ancla.

Píeme, si es por pedí,
que estrellitas de los cielos
alcanzaría yo por ti.

Piedrecitas de tu calle
yo las tengo recontás,
de la ventana a la esquina
y de tu puerta p'atrás.

Al pasá por tu puerta
¡qué me pasaba!
Que el pulso y los alientos
se me paraban.

NO ME JUEGUES CON CANDELAS

malagueñas, rondeñas y zánganos de Puente Genil

Tanto como me querías,
tanto como m'adorabas,
tanto como yo valía
y ahora yo no valgo nada.

Te lo he dicho una y mil veces
y no te lo digo más.
No me juegues con candelas
que nos podemos quemá.

LA FIRMEZA Y EL CORAJE

soleares

Cuatro campanas tenía
la torre de la parroquia.
Cuando sonaban, s'abrían
las dos puertas de la gloria.

No se siente de los males,
no se queja ni se duele.
Esas son malas señales.

Yo he tenío que cambiá
y tú también cambiarías,
como de lo blanco al negro
como de la noche al día.

Si pudiera conseguí
la firmeza y el coraje
que me retire de ti.

Valientemente,
que te rebeles
tan de repente.

EL QUERER TIENE UN VENENO

peteneras

El querer tiene un veneno,
Dios nos ampare y nos libre,
que trastorna el sentío
al más cabal y al más firme.

Por ver la cara que pongo
tú me vas dando martirio.
Sin que mi cara lo diga,
llevo las penas por dentro,
tengo el corazón partío.

ME CRUJEN LOS GÜESOS

siguiriyas

Qué grande es la tierra,
qué grande son los cielos,
pero más grandes eran los dolores
de mi sufrimiento.

Si no me querías
pa que me llamabas.
P'achicharrarme mi corazoncito
en vivitas llamas.

Ca ve que la mientan
me crujen los güesos,
como crujen, mare, en casa der pobre
las vigas del techo.

RÍO DE LOS ANDALUCES

sevillanas

Río de los andaluces,
claro espejo de Triana,
cortaditas viera yo
las manos que te cortaran.
    Con la vela, vela, vela,
    con las velas de los barcos,
    con la velá de Sant'Ana,
    a la vera de tu orilla
    te vela la Maestranza.

Entre el puente de tablas
y el de Tablada,
el puente de San Telmo
y el de Triana.
    Eso sería
    antes de que cortaran
    el río en Sevilla.

El río de Sevilla
ya no es camino
para barcos de vela,
azahar y olivos.
    Porque a sus mares
    Andalucía llevaba
    sus azahares

Cazorla lo vio nacer
quien por Córdoba creciera,
y fue a morir a Sevilla
sin que Sanlúcar lo viera.
    Sin su corriente,
    toa Sevilla y Triana
    mudas parecen.

EL ANILLO

caracoles

Al pasar el arroyo
de Rejaplata,
se me cayó el anillo
dentro del agua.

Míralo, míralo.
En el fondo queó,
que chinita en la arena,
con la corriente, me pareció.

Si yo tuviera
una vara de mimbre, lo consiguiera.
Vamos a ver,
si pueo alcanzarlo,
te lo daré.

Por sacar mi anillito del río
con caenas, grillos y barrotes
a la cárcel me llevan prendío
los alguaciles y alcaldes mayores.

Reo de muerte
me señalan.
Quién lo dejara bajo del agua,
que ahora me acusan como a un ladrón.

Caracoles,
caracoles.

LOS RIGORES DE LA VÍA

granaínas

Es necesario aguantá
los rigores de la vía,
porque hay que aguantá la renta
de penas toítos los días
si con la vía t'enfrenta.

En la fe que puse en ti
no renuncié ni un momento,
y te lo pueo jurá
por los siete sacramentos
y la santa Triniá.

EL LOBO EN EL MONTE

siguiriyas

El lobo en el monte
manso se volvía
hasta las fieras, fieras del campo,
son agradecías.

Que vive sin penas
las tendrá guardá,
porque yo veo que penas to el mundo
las tiene sobrás.

PERDIÓ UN REY LA LIBERTÁ

tientos

Favores, rezos ni glorias
que no le debo yo a nadie.
Cencerros pa darme fama
no me puso a mí mi madre.

Perdió un rey la libertá
cuando cautivo queó,
s'asombró que le quitaran
cosa que tanto negó.

Tienes las maneras,
serrana, tú tiés jechuras
del mes loco de febrero
que al finá siempre logró
mucho malo y poco güeno.

Cuando al Cerro Gordo
yo te voy a ve,
al pasá por el pozo Marco
me paro un ratito a bebé.

Volverá el río a su cauce,
las penas irán pasando;
dará la vía a ca uno,
lo que ca uno fue buscando.

To el que tiene que rogá
p'aliviarse una carga mu grande
s'echaba otra más pesá.

Te vengo a ver,
yo vengo a verte,
cruzar el Altozano,
pasar el puente.

EL QUE NO QUIERE ARRIESGÁ

polos

El que no quiere arriesgá,
si pérdias tiene pocas,
menos ganancias tendrá.

Saca tu fama a la calle
porque el aire limpia el trigo.
A ver si una ventolera
jace lo mismo contigo.

Pa ti soy como la tierra
que nunca te píe na,
y si poquito le dieres
mucho te devolverá.

Yo te vi de pasá ayé,
con la caló que jacía
pegaíta a la paré.

DIOS CON SU PODERÍO

peteneras

Que Dios con su poderío
lo jaga bien por nosotros.
que a ti te achicharre un rayo,
que tú y yo nos merecemos,
y a mí me mandara otro.

Los ríos que bajan turbios,
tormentas atravesaron;
los pasos que no andan claros,
Dios sabra dónde pisaron.

NO SÉ LO QUE YO JICIERA

soleares

No sé lo que yo jiciera
pa no darte sinsabores
y tú no te entristecieras.

Haya o no haya clariá,
te juro que esta flamenca
conmigo ha de tropezá.

Llenó sus propias alforjas
y abandonó la maná.
El que atiende a su persona
no pué pensá en los demás.

RELUCIENTE VA MARÍA

saetas

El Calvario rebosaba
de una inmensa muchedumbre,
que fue testigo, y asombro,
de ver cómo el sol se cubre
al cerrar Cristo sus ojos.

Reluciente va María,
madre y virgen al mismo tiempo,
envuelta en luz la lleváis
y un doló clavao adentro
que más grande no lo hay.

ROMANCE A LA LIBERTAD

romance

Aquí no nacemos libres,
que aquí se nace en España,
y al cautivo, la amnistía
siempre le será negada.

Vengan aquí campesinos
de la sierra y de la arada,
aquí los de las ciudades,
los talleres y la fragua.

Llenaremos las más anchas
plazas mayores de España
con los triunfos en las manos,
la razón en la palabra.

Cantarán los cantaores,
aquellos que mejor cantan,
para cantar las cuarenta
que es lo que está haciendo falta.

Nosotros las cantaremos,
las cuarenta bien sonadas,
cuarenta mil veces cuatro,
la libertad deseada.

Que no nos harán favores,
que ha sido muy bien ganada
sobre sangre y sobre llanto
en cuarenta años de infamia.

Llegará el día,
y tendrá que llegar,
el día de la libertad.

FORTALEZA DE RONDA

serranas

Fortaleza de Ronda
tomarla quiero,
que por una rondeña
hago el asedio.

Y esa batalla
o la gano, o yo muero
de no lograrla.

En la plaza de Ronda
güele a romero,
del aire de la sierra
y el de Don Pedro.

Plaza de piedra,
y a tomillo me güelen
toas las rondeñas.

Serranita rondeña
suspira y llora,
de la pena de verse
lejos de Ronda.

Y son sus ojos
dos luceritos tristes
en un arroyo.

RONDA PARTÍA EN DOS

polos

Benaoján bravía,
y Ronda partía en dos
mirando la serranía.

Qué bien hicieron de Ronda
cuando a Ronda la partieron.
Ciudad, mercaíllo y barrio,
y los tres puentes en medio.

La Puerta de los Molinos
sirve pa entrá y pa salí.
Por ella salí de Ronda
pero en Ronda he de morí.

UNA FAMILIA HONORABLE

guajiras

Era familia mu rica
con largos y sonaos apellíos,
grandes hazañas hicieron
en el pueblo en que han nacío.

Llevaban tierra de campo
en leguas pa un lao y pa otro,
pero por no echar un pienso
no mantenían ni un potro.

No abandonaban ni un día
sus obras de cariá,
que eran dar los buenos días
al pobre al verlo pasá.

Le daban a los peones
el aceite pa el tostón,
no mucho, pa no empachá,
a cambio de una oración.

Si el hijo de algún gañán
quisiera aprendé a leer,
pensaban que era osadía
el vuelo que quería hacer.

Rezad mucho, les decían,
y pedid a Dios perdón,
que vuestros muchos pecaos
los absuelve la oración.

Llegando las elecciones
reunían a la gañanía
y le hablaban de los bienes
que recibirían un día.

Sabemos que algunos vais
los caminos desviando.
Hijos nuestros, no sabéis
que os están envenenando.

Habeis de votar la ley,
que otra cosa es mal ejemplo.
No veis nuestro sacrificio,
que os estamos manteniendo.

Por qué habeis de tener
rebeldía ni ideas extrañas.
Eso es cosa del diablo,
que anda suelto por España.

Sed buenos y no pequéis,
y andad y vivid conforme,
porque es voluntá de Dios
el que haya ricos y pobres.

Vinieron años de jambre
y rezaban cada día,
plegarias y más plegarias
por los que de jambre morían.

En medio de esta desgracia
ellos, que estaban en to,
costearon con gran lujo
un gran altar pa el Señó.

Sus almas recibió Dios
cuando se fueron muriendo,
y su casa la heredaron
las monjas de un beaterio.

Estas fueron las hazañas
de esa familia honorable:
que se fueron de este mundo
y no mataron a nadie.

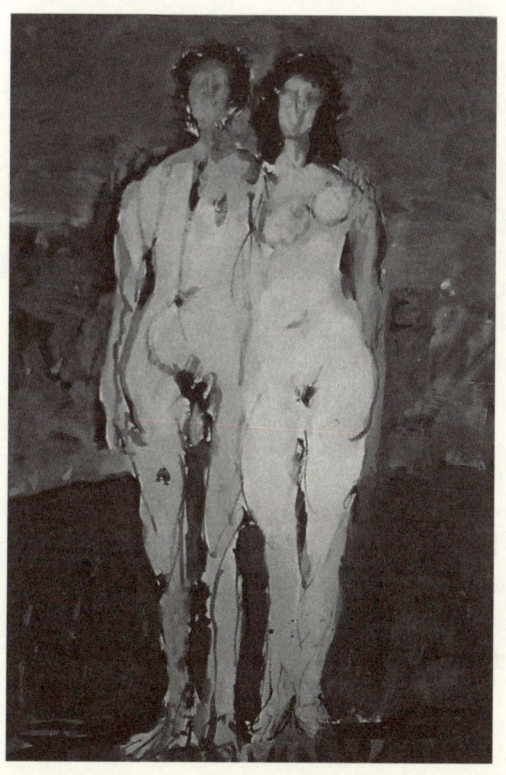

EL NIÑO PABLO

tangos de Málaga

Cuando nació el niño Pablo
fue y levantó la mirá
y le entraron por los ojos
cien almendros y la mar.
En Málaga, el niño Pablo
fue y levantó la mirá.

Su madre canta la nana
del carpintero y la cuna,
de la gitana y el puente
y los cuernos de la luna,
y grabó el mundo en su frente.

Voy a la orilla del mar
del día al amanecer,
y allí, solo con mis penas,
mirando el agua correr,
el recuerdo de mi madre
pienso que no ha de volver.

Ay, Pablo,
ay, Pablo Ruiz Picasso,
ay, niño de ojos redondos.
Se metió en la vida a fondo,
y abriendo en par la ventana
puso rosa la mañana
y un ay en el cante jondo.

Este hombre salta así
de aquí y a lo alto de la torre,
y a los pitones de un toro,
y suma cinco, tres y doce.

Se asomó de pronto al ruedo
y todo cambió de suerte
con la verdad del que miente
saltando de trecho en trecho,
y dándole un pase de pecho
a la vida y a la muerte.

Los ojos abiertos
de vida llenaba.
Un pase de pecho
a la vida daba.
La tristeza, rosa;
el azul, la calma.

Como dardo hiriente,
la luz y la noche
su mirada clava
al mundo con un abrazo.
Ay, niño Pablo Ruiz,
Ay Pablo, pueblo Picasso.

TE JURO YO POR MI HONOR
guajiras

Por el Cristo que en la Cruz
vivo lo crucificaron,
por la madre de aquel Cristo
que tanto martirizaron,
por los ojos de tu cara,
por mi eterna salvación,
te juro yo por mi honor
y tu amor santo y profundo,
que como te he querío yo
nadie te querrá en el mundo.

Con mística intransigencia,
pidiéndole al pueblo sangre
para así borrar aquella
que se derramara antes,
y al que administró injusticia
de igual manera pagarle.
Esta es la forma perfecta
de que la rueda no acabe
y estemos siempre girando
alrededor de la sangre.

Me salgo a la calle un rato
por distraer mi sentío,
porque me encuentro aburrío:
tu queré me ha vuelto loco.
Y no te diré tampoco
esto que me está pasando.
La pena me está matando

no la pueo resistí,
ay, por qué te querré yo tanto
si tú no me quieres a mí.

Beatos, frailes y obispos,
prelaos y cardenales,
capitanes laureaos,
gobernaores y alcaides;
ministros y delegaos,
alguaciles principales,
brigadieres, cabos, jefes,
coroneles, generales,
sean benditos y alabaos.
A los demás, Dios nos ampare.

NO TE IRRITES, PAPAGAYO

guajiras

No te irrites papagayo,
que no has entendido la cosa.
Y no digo que tus glosas
sean más o menos certeras,
sino que tú no te enteras
por dónde suenan los tiros,
que como el canto del grillo
oyes aquí y oyes allá,
y no puedes acertar
en medio del desvarío.

Tienes la jodía manía
de romper lo que no entiendes,
y aquello que no comprendes
lo tratas con desprecio.
Algo que no tiene precio
valoras en cuatro cuartos,
y eso es cosa de insensatos.
Que, manejando un cristal,
lo tiras al aire sin más
para ver si aguanta el salto.

Cualquier cosa se valora
según gusta a cada cual,
pero añadile además
el valor y la importancia,
que por su tiempo y distancia
está clamando valía.
Que hay cosas que tienen días

y otras que ya son historia,
y hay que conceder la gloria
a quien tiene jerarquía.

Sé que piensas que es por mí
por quien reclamo justicia,
y que pido las caricias
que suelen dar los elogios,
cuando yo no quiero moños
ni flores que no cultivo,
pero aquellas que yo cuido
no me gusta que las pisen
ni sabios ni aprendices
que ni siquiera han olido.

Un día, para decir
que un cantaor no era completo,
echaste mano a un ejemplo
con la mayor osadía.
A un genio de nuestros días
para verle una obra buena,
así dicho, como suena,
había que ver treinta malas.
Al bosque por donde andabas,
si no ves salía, lo quemas.

SALUDO A DOLORES

romance

Fuiste espíritu y aliento
desde las minas de Asturias
hasta el Quinto regimiento.

No olvidaremos tu lucha,
tu pasión en la palabra,
tus mensajes del destierro,
tu voz por la Pirenaica.

Y ya estás entre nosotros,
que has sido tan esperada,
compartiendo con tu pueblo
este tiempo de esperanzas.

Haber nacido andaluza
es lo único que te falta.
Tu nombre es de cantaora,
Dolores «La Pasionaria».

Yo escribiría en la Giralda
«Dolores, contigo estamos,
Pasionaria, y cierra España».
Te saludamos, salud,
salud pa el pueblo y libertá.

RÍO DE LAS VELAS BLANCAS

sevillanas

Río de las velas blancas,
orillas de ramos verdes,
hermano de torres de oro,
señor de los cuatro puentes.
Quién te pasara,
aunque las zapatillas
se me mojaran.

Al río tan hermoso
que había en Sevilla
vinieron a cortarlo
como a una cinta.
Por tal motivo
es mi llanto a su orilla
con otro río.

Tu corriente marinera
te la cegaron un día
a la altura de Triana,
tan bien como parecía.
Y eran tus aguas
como un espejo claro
para Triana.

LOS ACEITUNEROS

nanas

Son los aceituneros
tiraos al tajo
como tristes palomas
picoteando.

Una aceitunerita
del pío pío
ayer me quitó el sueño
y hoy el sentío.

Mañanita temprana,
casi de noche,
su padre las varea
y ella las coge.

Las manos ateridas
se le quedaban
cogiendo la aceituna
sobre la escarcha.

La helada en la mañana
del frío de enero;
te llevara entre plumas
cerca del fuego.

Si amarga es la aceituna
de los olivos
más amargo es cogerla
con tanto frío.

El sol rompe la niebla
acariciando
las manos de la moza
que estoy amando.

Aceituna redonda,
morada y verde,
amargorcito el gusto,
fino el aceite.

Aceituna alameña,
la verdinegra,
amarguita y dulzona,
quién lo dijera.

Canasta de varetas
del mismo olivo,
así la aceitunita
vuelve a su nido.

LA NIÑA DE LA PUEBLA

martinetes

En la Plaza Nueva, en La Puebla,
nació la hija de Casamía.*
La luz que faltó en sus ojos
iluminó Andalucía.

Curro le infundió saber
y la palabra de su canto,
y los ecos cantaores
los amasó ella con su llanto.

La palabra de sus cantes
siempre venía a señalá
la fatiga del obrero
en su duro trabajá.

Le dieron pan a sus hijos
entre La Puebla y Pará,
los que fueron al trabajo
por un pedazo de pan.

Campanillas de la aurora,
sevillanas de corrá,
tarantas de los mineros
en tóa España fue a sembrá.

Su vida llenó de vida,
olas viene y olas van,
en Málaga cantaora
a la orilla de la mar.

* Apodo del padre de La Niña de la Puebla, Francisco Jiménez Montesinos. Estos martinetes fueron escritos entre los días 24 al 26 de julio de 1990 para José Menese en la XXII Reunión de Cante Jondo de La Puebla de Cazalla.

ELOGIOS Y REQUIEBROS EN DOCE COPLAS PARA EL TORERO ANTONIO FUENTES

El año mil novecientos
Antoñito Fuentes era
príncipe con mando en plaza
y rey de La Coronela,
la flor de los andaluces
y la gala de La Puebla.

La Real Maestranza
que hay en Sevilla,
la de los maestrantes,
Caballería.
    Allí el primero
es Antoñito Fuentes
por caballero.

Un traje color rosa
bordao en plata
y un capote corinto
con oro a rayas.
    Fueron las galas
que sacó Antonio Fuentes
en La Maestranza.

De la guerra del toro
triunfante viene,
con el garbo y el aire
de Antonio Fuentes.
    Que en esa guerra
ganó un reino que llaman
La Coronela.

En cuanto Antonio Fuentes
coge los palos,
ángeles por la plaza
revoloteando.
 Tabaco y oro
son las alas de Antonio
citando al toro.

Fue a quedá entre las tablas
al dar un quiebro
a un toro de Murube
berrendo en negro.
 Qué maravilla
pa salir del peligro
con gallardía.

Cuando Guerrita dijo
soy el primero,
dejó en blanco el segundo
y pasó al tercero.
 Y en este puesto
colocó a Antonio Fuentes
como heredero.

Antonio es una estampa
entre barreras
y una fuente de gracia
sobre la arena.
 Y así se llama,
que Fuentes es un torero
donde los haya.

La primer gaonera
que España viera
don Rodolfo Gaona
la dio en La Puebla.
　　Porque a La Puebla
lo trajo Antonio Fuentes
de Las Américas.

Ocho toros se anuncian
de Parladé:
el Guerra y Mazzantini,
¡vaya un cartel!
　　Y más abajo,
minuto, Antonio Fuentes
pa completarlo.

Cuando se iba pa el toro,
lento y garboso,
se escuchaban suspiros
por todo el coso.
　　Que Antonio Fuentes
era un ángel alado
con rehiletes.

Al salir de un remate
por revoleras
se desmayó de gozo
la presidenta.
　　Y el presidente,
dos sombras de sospecha
sobre la frente.

Acera de los cristianos,
si la mano yo tendiera:
«Perdona por Dios, hermano».

Ahora yo no pienso iguá.
No son iguales los tiempos;
de sabios es el cambiá.

Aire de la mar
al venir de verte me sirve d'alivio
en la madrugá.

Algo había que tapá
cuando llegaron testigos
que nadie mandó llamá.

Anda largando tu mare
no sé qué runrun de olvío.
De esos males me recelo,
tu mare tié mal bajío.

Anda mujé, no t'enfades,
que yo tan sólo he venío
un ratito a jalagarte.

Anda, que Dios te lo pague,
que tiés el corazón
más duro que pedernales.

Ando a diestras y siniestras
que en mis pasos pierdo el tino,
por haber querío arreglar
los pasos de mi vecino.

Arrímate a la paré,
que corre viento y no tienes
pa resistirlo, podé.

A la caía de la tarde
esquilones en el monte
suenan como el Dios te salve.

A mí me empieza a quemá
lo mucho que me ha costao
y lo poco que me da.

A ti me obligo.
No perderías
naíta conmigo.

A ti te la había emprestao
y ya te creías el amo
de la viña y el vallao.

A verme no viene nadie
porque la que yo quisiera
no vendrá nunca a buscarme.

Al emparejá conmigo,
entre un quiero y un no quiero,
vi que s'echaba a la cara
el ala de su sombrero.

Al que pone el deo en la llaga
nunca lo dejan de hablá.
No quieren ver que es salú
conocer la enfermeá.

Al torito a palos
lo van amasando,
con las mieles de palabritas falsas
lo van consolando.

Calle San Pedro
paso a paso la tengo medía.
Tus ojos no los encuentro.

Cerramos el postigo.
Lo que allí jicimos los santos de las paeres
fueron los testigos.

Como los laureles,
que si nunca te da fruto
siempre se mantiene verde.

Como Sevilla tiene
fuerte muralla,
no pueden mis suspiros
atravesarla.

Como tapia de convento,
teniendo tanta ventana
nadie sabe lo que hay dentro.

Como un río que se vuelve,
igual que un golpe de sangre,
pasitos que atrás quearon
vienen a ponerse alante.

Como yo no terelo*
llave de la puerta,
a mí me espera la mía compañera
sentaíta y despierta.

Contigo me he d'encerrá
y lo que allí nos diremos
pa ti y pa mí queará.

Con fraile y con militar
meditación, paso firme,
amén, Jesús y callar.

Con la Pila el Pato
perdí la razón.
Donde va la pila
por allí voy yo.

* Tengo en caló.

Con temblorosa firmeza
hacia el calvario te llevan,
paso a paso con tu cruz,
noble lirio de Judea,
nazareno y andaluz.

Con tu mal trato no púe
yo me viá tené que dí
a viví a los Cuatro Armúe.

Crucé la Puerta Triana.
Apenas, mare, he pasaíto el puente,
y al entrá en el Altozano,
a un santo m'encomendé.
San Jorge, que pilla a mano.

Cuando bien te parecí
con qué ojitos me miraste.
¿Quién te ha hablao mal de mí
que tan pronto m'olvidaste?

Cuando cojo la pluma
pa yo escribirte
más cosas que un te quiero
no sé decirte.

Te quiero y quiero
y así yo llenara
pliegos enteros.

Cuando me fui de tu vera
sentí como si de un golpe
se rompieran mis caenas.

Dame y toma, ten y daca,
orden, mérito, meallas
que de las mangas se sacan.

Dan doló las cosas
que tú me jiciste.
Vete con cuidao, que tarde o temprano
vendrá mi desquite.

De levante a poniente
el sol m'alumbra.
Del ocaso a la aurora
la noche oscura.

De madrugá los sacaban
caminito de Morón,
antes de andar una legua
allí dejaban a tos.

De mí no ties que dudá,
que mantengo yo lo dicho
de hoy a la eterniá.

De muy lejos vengo,
de largo camino.
Descalcito andara la tierra mil veces
pa verme contigo.

De su bata* le vendrá
el que salga esta flamenca
con ganas de naquerar.**

De una olita salgo
liaíto en otra.
¡Cómo me vienen por tos los costaos
las aguas en contra!

Di bajito lo que vendes,
que a voces vas pregonando
y no se entera la gente.

Echa való y voluntá,
que de un cobarde en la vía
nadie vino a escribí na.

Échame una sentencia,
la cumpliré yo;
pero apartarme de ti y de mis niños
eso sí que no.

* Madre en caló.
** Hablar en caló.

El arroyo iba crecío.
Sólo por venirte a ver
yo me lo hubiera bebío.

El día y la noche
a solas me paso,
como guillaíto, con la vista fija,
sobre tu retrato.

El pobre sus alegrías
con to el mundo las reparte,
y cuando vienen las penas
no las comparte con nadie.

El que estando en el podé
jace que muchos le teman,
a muchos ha de temé.

El que no quié jacé na
siempre va buscando atajos,
y no para de cavilá.
No jacé na da más trabajo
que ponerse a trabajá.

El viví a tu vera
un martirio ha sío,
y lo he llevao como una sentencia
que hubiera cumplío.

En Baeza lo prendieron,
conducío fue a Jaen,
por honrar a don Antonio,
el bueno, que en gloria esté.

En casa de mi vecino
de tal amo tal perrito.
Si el pare recoge pita,
los hijos jacen jilillos.

En el huerto de mi casa
tengo un claro limonero,
serrano romero verde
y corales marineros.

En este cuerpecito mío
las fatigas y las penas
se van abriendo camino
como el agüita en la piera.

En una galera,
por aquí y por allá,
de la costa del moro y la barra
de Gibraltá.

Entre estas cuatro paredes
sentaíto en una silla
esperando que tú llegues.

Espera el amanecer,
que de noche una gachí
no suele tener buen ver.

Es como to el mundo sabe.
Jace falta más madera
pa podé quemá las naves.

Es como una desazón
que no la deja viví.
Déjala que se sosiegue,
no se vaya a consumí.

Está dando pie y algo más
de que vaya y venga en boca
de vecina de corra.

Esta noche, a hora prima,
s'a despedío,
igual que si fuera
desconocío.

Quien lo diría
que otra noche, no ha mucho,
por mí moría.

Estoy viendo un porvení
cada día mas torcío
porque todo se sostiene
sobre puntales podríos.

Frenaron el caminar
de un ancho y sereno río,
como si un pueblo no fuera
mil años de poderío.

Hace falta echá coraje
pa soportá mil fatigas
poniendo alegre el semblante.

Hay quien le dijo a Montini
clérigo de tres al cuarto,
y cuando a Roma llegó
santo, santo, santo, santo.

He partío una cinta verde
pa jacerte un lazo en el pelo,
y la mitá más cortita
una cinta a mi sombrero.

Huele a romero el monte,
verde romero,
mejor aroma tiene
tu negro pelo.

Ladrillos sobre ladrillos
bien labraos no se va al suelo.
De ladrillos y ladrillos
se va comiendo en mi pueblo.

La Colegiata tiene Osuna
y Morón, castillo y gallo,
y La Puebla, por ser hembra,
azúcar, canela y clavo.

La compañera mía,
por complaciencia,
madroños endulzaos
me da en la sierra.
Que pa mi agrado
es capaz de jacerme
dulce lo amargo.

La crítica del cantá
se ha convertío en un examen,
y el que examina no sabe
de la misa la mitá.

La esquinita del Pollo
a mí me recuerda
ese amigo que tanto quería
y se llevó la tierra.

Las columnitas de Hércules,
gaditanas y marineras,
se criaron en Sevilla
al pie de la misma Alamea.

Las muchas estrellas
que en los cielos brillan,
no alumbrarían los mares oscuros
que hay hasta tu orilla.

Lo mataron una noche
a mi compadre Guevara.
Reliquias se han de volver
los caminos que pisaba.

Lo nuestro no tiene nombre,
lo que tú y yo hemos hecho
mañanas, tardes y noches.

Mal fin tengan los consejos
y quien te los haya dao,
y tú, muable gitana,
por haberlos escuchao.

Mañanita de rebusco
topé de cara a la Guardia.
Dos lagrimitas de sangre
a ca palito que daban.

M'apartaron de ti.
Como no tengo otro alivio,
m'estoy dejando morí.

Me dieran un tiro a tiempo,
que no viera por mis ojos
lo que mis ojos van viendo.

M'encuentro tan acosao...
Pa defenderme acometo
sin recelo y sin cuidao.

Me pone a mí a cavilá
si a un perro por ser un perro
se le puede negar el pan.

Me ponen de guardaores
los mismos que en otros tiempos
eran mis perseguiores.

Me puse en guerra contigo,
que el más fuerte reinaría.
Ahora reinamos los dos:
tú en tu casa y yo en la mía.

Me siento morí a tu lao,
yo resistiré a tu lao,
dándome lo que solías.
Un día de sastisfacciones
y seis de lenta agonía.

Mi caballo y mi manta
con las alforjas;
mi reló y mi caena
pa tu persona.

Mira si ha de viví alerta
que no tié más que un perro
y una casa con dos puertas.

Mis desdichas son grandes,
valerme no pueo,
como de arena, lo que piense o jaga
se me viene al suelo.

Na de na m'asombra.
Quien no tié na,
ni camisita pa poerse muá,
qué le va espantá.

No hay tristeza ni contento
que dure toda la vida.
Ni alcázar ni fortaleza
que un cerco no la consiga.

No me vengas con orgullo,
si un pasito que yo doy
vale más que dos mil tuyos.

No traigo linajes
ni arrastro abolengo.
Las cicatrices marcás en mis manos
son to lo que tengo.

O lo dejas o lo tomas,
porque yo te lo sostengo
aquí, en la calle y en Roma.

Panaeros de Alcalá,
tarantos los de Almería,
de La Puebla de Cazalla,
moriscos serían.

Pa está un ratito a tu lao
jace falta sangre fría
pa no salí chamuscao.

Por aquí y por allá,
de la costa del moro y la barra
de Gibraltá.

Por bien que vayan mis pasos
del to no podré alegrarme.
Siempre habrá un cachito
en el camino que ande.

Por no saber de rezos
no me querías.
Hoy voy rezando solo
la letanía.

Por qué me miras así,
que no habrá cosa en el mundo
que yo no jaga por ti.

Porque era fino distingue
de cuajo fue desmontao.
Pa ganao de sangre brava
olivá bien atajao.

Porque lo siento, lo digo.
Tienes la lengua, serrana,
afilá como un cuchillo.

Que estoy yo pa mí
en un callejón sin salía
sin pasao ni porvení.

¡Qué formaría, qué formaría!
Guirigay y alboroto
la algarabía.

Qué haré yo con contarte
toítas mis penas,
si aunque tú las escuches
no las remedias.

Que no le debo yo a nadie.
Cencerro pa darme fama
no me puso a mí mi madre.

Que no me creo yo eso
que a un pobre l'ayuó un rico.
No me hará tragá ese güeso
ni el divino Santo Oficio
y la Curia Romana en peso.

Que pa ve lo que yo vi,
igual, ugual que llegué
volví la espalda y me fui.

Que pobre mi casa es:
un cántaro, una silla
y un retrato en la paré.

Que te fueras de mi vera.
La alegría del pajarito
que la jaulita l'abrieran.

Que vive sin penas
la aguantará,
porque yo veo que penas to el mundo
las tiene sobrá.

¿Quién no me conoce?
Si voy gritando de noche y de día
que se han roto las caenas.
Esas son mis señas.
Cuando se lleva jambre a las espaldas
con el pan siempre se sueña.

Quieren levantá un palacio
y aprovechá lo que había
de los restos de una choza
mal trazá y mal repartía.

Quiero volar, darme alas,
que yo creo en el más allá,
y me queda mucho trecho
y yo lo quiero alcanzá.

Quisiera que me dijeras
ahora mismito en la cara
las cosas que andas diciendo
de puesto en puesto en la plaza.

Recortaíta y solita
era esa calle Pizarra,
que mi amigo Rafael
llenaba con su guitarra.

Rodeá de luz y flores
bordao lleva su manto,
encajes en el pañuelo.
Quisiera aplacarle el llanto
a esa mujer sin consuelo.

Sabemos dónde llegó,
pero no sabremos nunca
la escalera que subió.

Señores reyes del reino,
señor alcade mayor,
aquí estamos y opinamos
y elegirnos entre tos.

Se desborda si es grande la verdá
aunque esté oprimía.
Ya puen meterla bajo la tierra, y sale
a la luz del día.

Se rajó el velo del templo,
las flores se deshojaron,
y hasta los cielos s'abrieron
al morí el hombre más justo
que los siglos conocieron.

Siempre las mismas fatigas;
pa este remiendo este roto.
Siempre abriendo un agujero
pa podé taponá otro.

Siete arrobas al carro
más de la carga.
Con qué alegria las lleva
mi mulo vara.

Y el delantero,
que en la cuesta s'estira
como los güenos.

Si con el pensamiento
se caminara
pasito a paso, mare de mi alma,
yo t'acompañara.

Si duro fue el caminá,
lo superó la alegría
que tuvimos al llegá.

Si nos medimos, te igualo,
y es porque somos tú y yo
astillas del mismo palo.

Si por Cristo juras,
en su nombre mientes.
Ni como aquel santo
que palpó la llaga
pudiera creerte.

Si se vuelve tu cuerpo
ceniza y carbón,
se habrá cumplío
la mitá de una parte
de mi maldición.

Solito fue de rebusco
y volvimos tres.
De tantos palos,
vi cómo temblaba
la Casa Cuarté.

Solito me voy valiendo
sin tené pan que comé.
Vaya a la guerra el que quiera
y tenga qué defendé.

Soy como un esclavo,
esclavo de por vía,
mi fortuna o mi desgracia
me la guardaría.

Tan jondito m'echaron
que no vía el sol.
De la luz de sus ojos
m'acuerdo yo.

Tanta diferencia había
como el infierno y la gloria
como la noche y el día.

Tanta polvaréa
trajo el vendavá,
que así andamos,
al cabo del tiempo,
en un cenagá.

Tengo pasao tantas penas
que hasta mis güesos han calao,
y es que aguanto yo tormentos
que a otros hubieran matao.

Tenemos que hacernos fuertes,
despues tirarnos p'alante,
y que Dios reparta suerte.

Te fuiste pa Carbonera
naquerando a lengua suelta.
Gallo eres de mala casta,
ya te cortaré las alas.

Te miraba y me ponías
la carita destemplá
que yo no me merecía.

Te prometí y lo traigo,
que no es mentira,
un ramito de albahaca
y otro de oliva.

Te voy a hacer unos zapatos
con los tacones alzaos
que sean pa mí tus repiques
como el tambó pa el soldao.

Tierra que se labra
prevalecerá.
Grandes empeños
pongo en tu persona
y no sirve de na.

Tropezando voy.
Qué me pasa a mí,
que el carro llevo delante los bueyes
desde que te vi.

To se me viene abajo,
no sé ni por qué,
lo que yo te quiero
no me lo derribaría
Dios con su podé.

Tu bata* por sus partías
tié que verse condená,
y tú sabes que la tienen
por la calle señalá.

Tu corazón y el mío
se da o se quita
no me prives del gusto,
criaturita.
Será un orgullo
que vivas con el mío
yo con el tuyo.

Tú chiquita y yo chiquito,
recortaíto tú y yo,
como clavito y pimienta
pongo la comparación.

Tu mare, dale que dale,
sigue encaramá en sus trece,
con la sartén en la mano
y la llama en el aceite.

Tú vas a caballo
yo camino a pie,
tu vía y la mía
fuera de la ley.

* Madre en caló.

Última casita.
¡Qué sola vivía!
Las fatigas que por mí pasaba
nadie lo sabía.

Un anochecer templao
y clara la madrugá,
y sentí el amanecé
en medio de un olivá.

Un marco tengo colgao
que no tiene cuadro dentro
y a veces me creo yo
que a tu persona estoy viendo.

Una detrás de la otra,
las manillas de un reló,
que se juntan mu poquito,
igualito que tú y yo.

Una legión de paraos:
mil hombres mirando el cielo
y con los brazos cruzaos

Una mala espina
tengo yo clavá:
la manita que no te tendiera
viéndote humillá.

Vaya por Dios, no me importa
lo que púo vení y no vino,
que con agüitas pasás
no puen molé los molinos.

Ven y cuéntame tus ansias,
háblame de tus desvelos
que la angustia y el doló
si son compartíos son menos.

Vengo de la noche oscura
donde tengo compañera,
que hace encaje de bolillos
y alegrías de las penas.

Vivimos entre amenazas,
vigilancias y castigos,
sin decí esta boca es mía,
enterraítos en vivo.

Y así te has portao
que la mala yerba
sale por tos laos.

Y gritaré al cielo abierto
lo mucho que te he querio
mil años después de muerto.

Y les pusieron un freno
pa que no se desbocaran,
y así van poquito a poco
como bestias de carga.
Freno pusieron a un pueblo
pa que no se desbocara.

Y nos creímos los dos
que en el mundo no existía
más que tu persona y yo.

Y nuestros barcos llenemos
de vida, de mensaje,
y démoslos a la mar
y digámosles ¡buen viaje!

Ya se va acabando
tanta tiranía
porque los males no duran cien años
y s'acaban de la noche al día.

Yo no pueo soportá
que tú vengas y te vayas
y a mí no me digas na.

Notas discográficas

José Menese, *RCA Víctor 3-20879, 45 rpm, 1965 (pág.22)*

La letra de los tangos «Siempre que tiras la cuenta», que completa este disco, se grabó en el LP *Cantes de José Menese* (véase pág. 20).

José Menese, *RCA Víctor 3-21020, 45 rpm, 1967 (pág. 29)*

Completan este microsurco dos cantes grabados en el LP *Cantes flamencos básicos*: las soleares de Juaniquí «Fuente de Piyaya» y los martinetes «Son grandes fatigas dobles» (págs. 20 y 25).
    El autor de la primera letra que da título al poema «Te voy a jacé este verano / un sombrerito de palma / y un cantarito de barro» es el pintor Manuel Manzorro.

José Menese, *RCA Víctor 3-21041, 45 rpm, 1968 (pág. 36)*

Completan este microsurco las soleares de Jerez «Me siento más desgraciao», grabadas anteriormente en el LP *Menese* (pág. 30).

José Menese, *Archivo del Cante Flamenco (varios intérpretes), 13.001-06SJ, 33 rpm, 1968 (pág. 37)*

Se rematan las siguiriyas «Día grande» (pág. 37) con unas cabales del Fillo, que grabó La Rubia de las Perlas en 1912, con la letra: «Y salí por la puerta / salí renegando / de cuantos santitos tiene / el cielo y la tierra».

Completa José Menese su participación en esta antología con unos tarantos de Almería, con las letras anteriormente grabadas «Al Sotillo» y «Curro Cortés por la Puebla» (págs. 36 y 29).

José Menese, Cantes para el hombre nuevo,
RCA, LSP-10447, 33 rpm, 1971 (pág. 51)

En el cante por soleares «Miraba de trecho en trecho» (pág. 53), la última letra «Soy más firme que las cuatro / columnas de la Alamea»... fue grabada anteriormente en el LP *Menese* (pág. 34).

En los tientos «Cuando tú me miras» (pág. 54), la letra «Yo poco necesito» es una variante de la letra grabada por José Menese por livianas en 1964 (pág. 14).

Curro Lucena grabó los polos «Del monte, los pedernales» (pág. 55) por colombianas en el LP *A Ronda*, Pasarela, 1988 (pág. 160).

Diego Clavel, Cantes vividos, Ariola, 82235 I, 33 rpm, 1973 (pág. 70)

«En una dura porfía» (pág. 70) es la única letra de Moreno Galván de este LP. Las demás letras son de José Manuel Caballero Bonald.

José Menese, Los que pisan la tierra (LP doble),
RCA, SPL2-2231, 33 rpm, 1974 (pág. 78)

La última letra del cante «A to le llega su día» (pág. 80), «Si me rebelo...», fue grabada anteriormente en el LP *Menese* en las bulerías por soleares «Te voy a jacé este verano» (pág. 33).

En las cantiñas «Anda cerca la tormenta» (pág. 85) se incluía la letra «Vienen de Sanlúcar / rompiendo el agua / a la Torre del Oro / barcos de plata» que pertenece a las *Seguidillas del Guadalquivir*, de Lope de Vega.

La última letra por alegrías de «Pa aventá el trigo en la era» (pág. 90) es la misma grabada por cantiñas en este disco: «No te saliste / no habrás querío...» (pág. 85).

José Menese, Festival flamenco gitano (varios intérpretes),
Philips 9294800, 33 rpm, 1975

La primera siguiriya, «Mi jería es mu grande» se grabó como tonás y livianas en el LP *Menese* (pág. 32). La segunda siguiriya, «Maresita mía / ¡qué güena gitana! / de un peacito de pan que tenía / la mitá me daba» es una letra popular recogida en varios cancioneros, como Machado y Álvarez, A.: *Colección de cantes flamencos*, Imprenta y litografía de El Porvenir, Sevilla, 1881; edición facsímil de Extramuros, 2007, pág. 54, y Rodríguez Marín, F.: *Cantos populares españoles*, Francisco Álvarez y Cía, Sevilla, 1882, (t. IV), copla 6.346. El martinete grabado en este disco es una letra popular: «Aquel que le pareciere / que mis duquelas no eran na / siquiera por un momento / que se ponga en mi lugá», recogida en Rodríguez Marín, *op. cit.* (t. III), copla 5.277.

José Menese, L'Olympia, RCA, SPL1-2286, 33 rpm, 1975 (pág. 93)

Algunas letras del mirabrás «Fuimos tirando» (pág. 93) aparecen impresas en otras grabaciones. La primera, que comienza: «Yo andaba pegando...» fue grabada anteriormente por José Menese en el LP *Cantes de José Menese* en 1965 (pág. 17). La seguna letra es una variación de la segunda letra grabada por mirabrás en 1965 (véase pág. 17). La tercera, sexta, séptima y octava letras son las mismas y en el mismo orden grabadas por mirabrás en 1965 (pág. 21).

La letra de los tangos «Me está pareciendo a mí» (pág. 97) no figura en la carpeta del disco.

La letra de los tarantos «Hay que resistir, hermanos» (pág. 98) está reproducida en la carpeta, pero no el cante en el disco.

*José Menese, Serie: Hablan los partidos, PCE, vol. 8 disco 2,
cara B (varios intérpretes), Dial Disco, 33 rpm, 1977 (pág. 111)*

José Menese cantó el «Romance a la libertad» (pág. 111), con la guitarra de Manolo Brenes, en la IX Reunión de Cante Jondo celebrada el día 12 de julio de 1975 en La Puebla de Cazalla.

*José Menese, ... Ama todo cuanto vive,
RCA PL-35390, 33 rpm, 1982 (pág. 129)*

Las letras de los campanilleros «Pobre le siguió» (pág. 131) se grabaron en otro orden. La primera, «Jesucristo con ser Jesucristo / ...»; la segunda, «Una boda que se celebraba / ...», y la tercera, «Cuando estaba la Virgen María / ...». Se transcriben en el orden lógico de las Escrituras y por deseo del autor.

*Miguel Vargas, Cantes de Miguel Vargas,
Fonodis 46-223, 33 rpm, 1985 (pág. 144)*

En la carpeta del disco el título de los fandangos de Lucena «Porque te dio por ahí» (pág. 148) se transcribió incorrectamente «Porque te dio por mí».

José Menese, Puerta Ronda, NS-2001, 33 rpm, 1986 (pág. 153)

Los caracoles «Tocan a leva» (pág. 159) se remataban en el disco con la letra popular «Mocita ven. / ¿C'a dicho usté? / Que son tus ojos dos soles, / y vamos viviendo, ¡y olé!».

Curro Lucena, A Ronda, Pasarela, PRD-140, 33 rpm, 1988 (pág. 160)

En la contraportada del disco, el último verso de las rondeñas «Navegando me perdí» (pág. 160) está transcrito incorrectamente: «como el águila imperiá».

Las restantes letras que completan este disco son de Marcos Manuel, Manolo del Río, Blas Infante (himno de Andalucía) y populares.

Miguel Vargas, *Al aire mis ilusiones*,
Senador, D-01057, 33 rpm, 1990 (pág. 161)

Moreno Galván sólo es autor de las marianas «Entorna la puerta» (pág. 161). Las restantes letras de este LP son de José Luis Rodríguez Ojeda.

José Menese, *Firme me mantengo*, Pasión, 4P-023, 33 rpm, 1991 (pág. 162)

La primera letra de las peteneras «Tu voluntá me sentencia» (pág. 162): «Por quererte en hora mala» fue grabada anteriormente por Miguel Vargas en el LP *Haciendo camino* (1982) por malagueñas, con el título «El castigo» (pág. 137). La tercera letra, «Ni papel ni pluma quiero...», fue grabada anteriormente por Miguel Vargas en el LP *Cantes de Miguel Vargas* (1985) por cartageneras, con el título «Palabrita que yo diera» (pág. 145).

Los tangos «Daremos vida a la vida» (pág. 162) fueron cantados anteriormente por José Menese, con la guitarra de Manolo Brenes, en la XIII Reunión de Cante Jondo de La Puebla de Cazalla, que se celebró en el cine de verano Victoria el 11 de agosto de 1979.

La tercera letra grabada de los tientos «Fe, coraje y esperanza» (pág. 164), «Serías tú pa mí / en un momento serías tú pa mí...» fue grabada por Miguel Vargas en el disco *Haciendo camino* (1982) (pág. 139). La cuarta letra grabada de estos tientos, «Molinero que agua espera / y el trigo le pudre el tiempo / saque el molino del agua / y que muela con el viento» es popular.

La primera letra grabada de las siguiriyas «Doló que naciere» (pág. 165), fue grabada anteriormente por Miguel Vargas en el LP *Haciendo camino* en 1982 (pág. 139).

José Menese, *El viento solano*, *Fonomusic*, CD-1205, 1993 (pág. 169)

En este disco figuran varias piezas grabadas con anterioridad: los campanilleros, titulados en este disco «Hasta Herodes», los interpretó Miguel Vargas en el casete *Cantes de Miguel Vargas*, Fonodis, Málaga, en 1985, con el título «Tortolita» (pág. 151). La letra por tangos «Vete a la calle» fue grabada antes por José Menese en el LP *Cantes para el hombre nuevo* en 1971 (pág. 56). La primera letra del mirabrás titulada en este disco «Mira cómo vengo», que comienza: «Mira que si das te honras» fue grabada por soleares en 1971 por Diego Clavel (pág. 66) y las siguientes son las mismas grabadas por José Menese en su primer disco en 1963.

El primer párrafo grabado de las soleares «Gitana como aquella» (pág. 169) es una letra popular: «Gitana como aquella / no la volveré a encontrá / aunque gitana se vuelva / toíta la cristiandá», en A. Machado y Álvarez, *Cantes flamencos*, «*Colección escogida*», Madrid, Biblioteca El Motín, 1890, pág. 89, con la variación en los dos primeros versos: «Gitanita como yo / no la tienes d'encontrar...».

Las letras de los fandangos «Vete a la calle» (pág. 170) fueron grabadas antes por José Menese en el LP *Cantes para el hombre nuevo*, 1971 (pág. 51). La segunda letra, que comienza «No creas en la locura / del que presume de loco...» fue grabada anteriormente por granaínas en el doble LP *Los que pisan la tierra*, 1974 (pág. 78).

La primera letra de la siguiriya «El viento solano» (pág. 172), que comienza «Apenas asoma / el aire solano...», fue grabada por José Menese en el LP *L'Olympia* en 1975 (pág. 93).

La tercera letra de los tientos «Confirmo y afirmo» (pág. 172), que comienza «Mira que si das te honras / ...», fue grabada en este mismo disco como mirabrás ya había sido grabada por Diego Clavel (pág. 66). La última letra de los tientos «Confirmo y afirmo» (pág. 172), que comienza «A qué vienes a pedirme...», fue grabada anteriormente por Miguel Vargas, en el LP

Cantes de Miguel Vargas en 1974 como primera letra de las bulerías por soleares (pág. 73).

José Menese, *Así canta nuestra tierra en Navidad*,
CD (vol. 13), varios intérpretes, 1995

El villancico «Brilló aquella aurora» había sido grabado por José Menese en el LP *Firme me mantengo* en 1991 (pág. 167). El villancico «Descalcito andó» fue grabado anteriormente por José Menese en el LP ... *Ama todo cuanto vive* en 1982 como campanilleros de la aurora con el título «Pobre le siguió» (pág. 131). «Los campanilleros» fueron grabados antes por Miguel Vargas en el casete *Cantes de Miguel Vargas* en 1985 con el título «Tortolita» (pág. 151).

José Menese, *En el Albéniz, CD Fonomusic, 1995 (pág. 173)*

Es un compacto grabado en directo con letras grabadas con anterioridad, como los tarantos «Como en volanda» (pág. 86); las farrucas «Ramita de oliva» (pág. 100). En las soleares «Grandes castigos» la primera letra es popular; la segunda «Ni la alondra maljería / ... », véase en pág. 169; las terceras soleares, «Por qué han de llamar locura /...», véanse en pág. 123; las cuartas soleares «Que doló de criatura /...» véanse en pág. 169, y las quintas soleares «Quisiera volverme ciego /...» véanse en pág. 169; los caracoles «Tocan a leva» véanse en pág. 159; los campanilleros «Hasta Herodes» véanse en pág. 151; las tonás son populares. En las siguiriyas «Ya clareaba» la primera letra, «Yo me puse en camino / ...» véase en pág. 151; la segunda, «Ni gritos ni voces / ...», véase en pág. 45; la tercera, cuarta y quinta letras por siguiriyas son populares. En los tangos de Málaga, «Mis pesares», la primera letra «Yo vengo a contar mis pesares / ...» véase en pág. 51; la segunda letra, «Mala cara tiene el paro / ...», la tercera, «Porque un hombre sin trabajo / ...» y la cuarta, «El trabajo es un derecho / ...» véanse en pág. 126.

La primera letra anteriormente grabada de las peteneras «Como la piedra» (pág. 173), «Sin compasión castigar» véase en pág. 91.

La segunda letra de los tientos «Hasta el morí» (pág. 173), «Mira que si das te honras / ...», véase en la pág. 66; la cuarta letra, «Firme me mantengo / ...», véase en la pág. 172; la quinta, «Una vara derecha / ...», véase en la pág. 84, y la sexta, que cierra el cante por tangos, «Me obligas con malas mañas / ...», véase en la pág. 54.

José Menese, *A mi madre Remedios*, CD Fonomusic, 1997 *(pág. 174)*

Las letras de las colombianas «Marinerita» fueron grabadas por José Menese en 1985 (véase pág. 152). Las tarantas «Iba mi mare a lavar», que comienza «Al Sotillo iba mi mare a lavá / ...» fue grabada por tarantos en 1968 (pág. 36). La letra que cierra las siguiriyas «Qué buena gitana» (pág. 174), «Maresita mía / qué güena gitana / ...» véase en la pág. 241.

La primera letra de los tientos «A la hora de queré» (pág. 174), que comienza «A la hora de querer / no sirven los escarmientos /...» fue grabada en el LP *El viento solano* (pág. 172). La letra del cuarto tiento, que comienza «Con esta bandera / grana es la bandera...» fue popularizada por Pepe Pinto.

José Menese, *Ecos de la Bienal de Arte Flamenco, Sevilla 2000*, varios intérpretes, CD Palo Nuevo, 2000 *(pág. 175)*

La tercera y cuarta letras de las bamberas «Cuando te veo vení» (pág. 175): «Por San Pedro jará un año / que tú y yo fuimos a vernos /...» y «Bendita sea la mare / que a este mundo te trajera /...» fueron grabadas por Miguel Vargas en el LP *Haciendo camino* en 1982 (pág. 143).

La segunda letra grabada de los tientos «Clara es la luna» (pág. 175): «Con esta bandera / grana es la bandera...» fue popularizada por Pepe Pinto.

La tercera letra, «La rabia del que se va / del sitio donde ha nacío / ...», fue grabada por José Menese en el CD *En el Albeniz* en 1995 (pág. 173). La cuarta letra por tientos «Señor que vas a caballo / y no das los buenos días / ...» fue grabada por José Menese en LP *Renuevos de cantes viejos* en 1970 (pág. 43).

La quinta letra por tientos «Firme me mantengo / firme hasta la muerte / ...» fue grabada por José Menese en el CD *El viento solano* en 1993 (véase pág 172). La sexta y séptima letras por tientos «Yo poco necesito / pa ese camino, pobre es mi jato / ...» y «Con malas mañas me obligas / y aluego vas publicando / ...» fueron grabadas por José Menese en el LP *Cantes para el hombre nuevo* en 1971 (pág 51).

José Menese, *A Francisco,* CD *Palo Nuevo,* 2000 *(pág 176)*

El romance «A la mar abierta» fue grabado anteriormente en el LP *Mi cante a la esperanza* en 1981 (pág. 128). En las rondeñas «Luna de la serranía» la primera copla es popular y la segunda de Manuel Velázquez. Las marianas «Entorna la puerta» fueron grabadas anteriormente por Miguel Vargas en el LP *Al aire mis ilusiones* en 1990 (pág. 161). En las bamberas «Cuando te veo vení» la primera y la segunda letras «Tengo una vecina enfrente / que parece buena moza /...» y «Cuando te veo vení / con ese vestío nuevo / ...» fueron grabadas en el CD *Ecos de la Bienal de Arte Flamenco*, Sevilla 2000 (pág. 175); la tercera, cuarta y quinta coplas de estas bamberas «Vente de tu voluntá / porque te dé a ti la gana / ...», «Por San Pedro jará un año / que tú y yo fuimos a vernos /...» y «Bendita sea la mare / que a este mundo te trajera /...», fueron grabadas por Miguel Vargas en el LP *Haciendo camino* en 1982 (pág. 137). La caña «El candilito» fue grabada por José Menese en un microsurco de 1965 (pág. 18); la segunda copla es de Ginés Jorquera, y la tercera de Antonio Cruz García.

La primera letra grabada de las siguiriyas «El toro y la rabia» (pág. 176) es de Ginés Jorquera, y la tercera, popular.

La primera letra de los tientos «Fina como la nácar» (pág. 176): «Clara es la luna serrana / en los llanos de Marchena / ...» fue grabada en el CD *Ecos de la Bienal de Arte Flamenco*, Sevilla 2000 (pág. 175).

La primera letra grabada de las soleares «Tía Gilica» (pág. 176) es de Aquilino Duque.

La segunda letra de las tonás «A Francisco» (pág. 177) es de Ginés Jorquera, y la tercera de Antonio Cruz García.

Raúl Montesinos, *Sembrando el aire, CD Fonema Records, 2000 (pág. 180)*

En los fandangos «Marea tiene la mar» la primera letra del fandango «Está de noche y de día / prendía de mi sentí / ...» fue grabada por Miguel Vargas por peteneras en el LP *Miguel Vargas* en 1971 (pág. 60); la segunda letra de los fandangos, «Van sin remedio a la mar / las corrientes de los ríos /...», y la tercera, «Si he cambiao de pensá / no tengo remordimiento /...», fueron grabadas por Miguel Vargas en el LP *Cantes de Miguel Vargas* en 1985 (pág. 147). Las letras de los otros cantes de este CD son populares (nanas), popular y de Raúl Montesinos (tarantas y mineras), de Federico García Lorca (bulerías) y de Francisco de la Obra Martínez (campanilleros).

La primera letra de los tientos «Ocho voces claman fuerte» (pág. 180): «Ocho voces claman fuerte / ocho pueblos cantan alto / ...» fue grabada por José Menese en el CD *A Francisco* en el 2000 (pág. 178); las letras de todos los demás cantes de este CD son de Salvador Cabello.

Raúl Montesinos, *Arquillo Viejo, CD, Fonoruz, 2009 (pág. 181)*

La primera letra de las alegrías «Una estrella y un ancla» (pág. 181): «Se me apareció la muerte / cuando intenté de olvidarte / como la vía es tan amable / volví de nuevo a quererte» es popular.

Proyecto de disco no grabado para Miguel Vargas

La segunda letra de las peteneras «Dios con su poderío» (pág. 200): «Por ver la cara que pongo / tú me vas dando martirio...» ha sido grabada por Raúl Montesinos en el CD *Arquilllo Viejo* (pág. 184).

Letras no grabadas

Este «Romance a la libertad» lo cantó José Menese, con la guitarra de Manolo Brenes, en la IX Reunión de Cante Jondo celebrada el día 12 de julio de 1975 en La Puebla de Cazalla.

La de la pág. 195 es otra versión de las guajiras tituladas «Esa familia honorable», de 1976 (pág. 102).

La séptima letra de los tangos de Málaga «El niño Pablo» (pág. 198) fue grabada por José Menese por siguiriyas en el CD *A Francisco* en el 2000 (pág. 176).

La primera letra de las sevillanas «Río de las velas blancas» (pág. 205) es una variante del estribillo de las *Seguidillas del Guadalquivir*, de Lope de Vega: «¡Quién te pasase / sin que la mi servilla / se me mojase!»; la segunda letra es la que comienza: «Cazorla lo vio nacer / quien por Córdoba creciera...» (pág. 185).

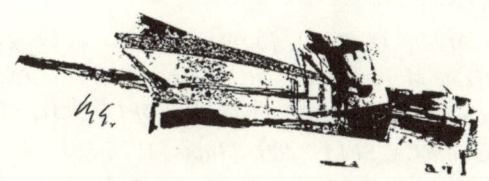

Índice discográfico

LETRAS GRABADAS

José Menese, RCA Víctor 3-20663, 45 rpm, 1963 9
José Menese, Saetas, RCA Víctor 3-20746. 45 rpm. 1964 12
José Menese, RCA Víctor 3-20758. 45 rpm. 1964 13
José Menese, Cantes de José Menese, RCA Víctor, LPM-PSP 10300. 33 rpm. 1965 . . 15
José Menese, RCA Víctor, 3-20879. 45 rpm, 1965 22
José Menese, Cantes flamencos básicos, RCA Víctor, LPM 10340. 33 rpm, 1967 23
José Menese, RCA Víctor 3-21020. 45 rpm. 1967 29
José Menese, Menese, RCA Víctor, LPM 10373. 33 rpm. 1968 30
José Menese, RCA. Víctor 3-21041. 45 rpm. 1968 36
José Menese, Archivo del Cante Flamenco (varios intérpretes),
Vergara, 13.001-06SJ. 33 rpm. 1968 37
José Menese, RCA Víctor, 3-21072. 45 rpm. 1969 38
Miguel Vargas, RCA Víctor, 3-21089. 45 rpm. 1969 40
José Menese, Saetas de oro, RCA Víctor, 3-21108, 45 rpm, 1970 42
José Menese, Renuevos de cantes viejos, RCA Víctor, LPM 10417, 33 rpm, 1970 . . . 43
José Menese, Cantes para el hombre nuevo, RCA, LSP-10447, 33 rpm, 1971 51
Miguel Vargas, Moviplay, S 21405, 33 rpm, 1971 59
Diego Clavel, RCA Víctor, 3-21133, 45 rpm, 1971 64
Diego Clavel, RCA Víctor, 3-21145, 45 rpm, 1972 67
Diego Clavel, Cantes vividos, Ariola 82235 I, 33 rpm, 1973 70
Diego Clavel, Saetas, Ariola, 11 660-A, 45 rpm, 1974 71
Miguel Vargas, Cantes de Miguel Vargas, RCA SCL, 1-2227, 33 rpm, 1974 72
José Menese, Los que pisan la tierra, LP doble, RCA SPL2-2231, 33 rpm, 1974 . . . 78
José Menese, L'Olympia, RCA, SPL1-2286, 33 rpm, 1975 93
José Menese, La Palabra, RCA SPL 1-2413, 33 rpm, 1976 100
José Menese, Serie: Hablan los partidos, PCE,
vol. 8 disco 2, cara B (varios intérpretes), Dial Disco, 33 rpm, 1977 111

José Menese, Andalucía 40 años, RCA, PL-35168. 33 rpm. 1978 112
José Menese, Mi cante a la esperanza, RCA, PL-35351. 33 rprm. 1981 120
José Menese, ... Ama todo cuanto vive, RCA, PL-35390. 33 rpm. 1982 129
Miguel Vargas, Haciendo camino, Discophon, B11449. 33 rpm. 1982 137
Miguel Vargas, Cantes de Miguel Vargas, Fonodis. 46- 223. 33 rpm. 1985 144
José Menese, Cantes de ida vuelta (varios intérpretes),
Pasarela, PRD-140, 33 rpm, 1985 152
José Menese, Puerta Ronda, RNE, NS-2001-C, 33 rpm, 1986 153
Curro Lucena, A Ronda, Pasarela, PRD-140, 33 rpm, 1988 160
Miguel Vargas, Al aire mis ilusiones, Senador, D-01057, 33rpm, 1990 161
José Menese, Firme me mantengo, Pasión, 4P-023, 33 rpm, 1991 162
José Menese, El viento solano, CD Fonomusic, 1993 169
José Menese, En el Albéniz, CD Fonomusic, 1995 173
José Menese, A mi madre Remedios, CD Fonomusic, 1997 174
José Menese, Ecos de la Bienal de Arte Flamenco,
Sevilla 2000, Varios intérpretes, CD Palo Nuevo, 2000 175
José Menese, A Francisco, CD Palo Nuevo, 2000 176
Raúl Montesinos, Sembrando el aire, CD Fonema Records, 2000 180
Raúl Montesinos, Arquillo Viejo, CD, Fonoruz, 2009 181

LETRAS NO GRABADAS

Proyecto de disco no grabado por Miguel Vargas 186
Letras no grabadas 192
Letras sueltas 212

Índice por cantes

Alboreás

Pañolito blanco 107

Alegrías

Pa aventá el trigo en la era 90
De una pieza me quedé 110
Una estrella y un ancla 181

Bamberas

Qué bien me suena tu nombre 88
De los años sesenta 117
Por San Pedro hará un año 143
Cuando te veo vení 175

Bulerías

Llegué aquí de madrugá 11
Te debieran de meté 21
Estoy como un alma en pena 46

Bulerías por soleares

Te tengo comparaíta 13
Te voy a jacé este verano 33
Compañero, qué suores 39
Andas reclamando moños 68
A qué vienes a pedirme 73
A tó le llega su día 80
Muerto a muerto 119
No sé lo que m'entró 153

Campanilleros

Tortolita 151

Campanilleros de la aurora

Pobre le siguió 131

Cantiñas

En tierra de los Parrales 48
Anda cerca la tormenta 85
El torrente de un arroyo 96
La mar bravía 134

Cañas

La casita que yo vivo 22

Caracoles

Tocan a leva 159
El anillo 186

Cartageneras

No me olvíes nunca, serrana 62
Echemos a caminar 109

Palabrita que yo diera 145

Colombianas

Marinerita 152

Fandangos de Huelva

Ando buscando quien tenga 75
La miserable miseria 114
Van sin remedio a la mar 147
Vete a la calle 170

Fandangos de Lucena

Porque te dió por ahí 148

Fandangos de la Puebla

Apenas miré tus ojos 154

Farrucas

Cayó al suelo una paloma 100

Garrotín

Poco a poco hemos plantao 81
Qué hermosa es la libertad 94
Ya clarea la mañana 120
Tu mare los vuelve atrás 149
Las alforjas dejé yo 166

Granaínas

Arrastrando en su condena 78
Tan hermoso baluarte 121

Los rigores de la vía 187

Guajiras

Esa familia honorable 102
«Ni vi más áspera cosa ni más blanda que la lengua» 132
Una familia honorable 195
Te juro yo por mi honor 200
No te irrites, papagayo 202

Jaberas

Dejadme opinar también 72
A fuerza de corazón 116

Livianas, serranas y cabales

Pobre es mi jato (livianas, serranas y cabales) 14
Yo no me siento rico (livianas) 19
Candelita que jice (serranas) 74
Una vara derecha (livianas) 84
Mi corazón de gozo (serranas) 135
Me subí a un arbolito (serranas) 146
Fortaleza de Ronda (serranas) 193

Malagueñas

Fue un gran doló 57
Esas intenciones tuyas 62
Me han hecho cambiar los tiempos (malagueñas de la Trini) 69
Todo se va serenando 116
El castigo 137
Dentro de mi pecho un fuego 180
No me juegues con candelas 182

Marianas

Cuándo llegará el momento 47

Entorna la puerta 161

Martinetes y deblas

Arenas arrastran los ríos (martinetes) 15
Son grandes fatigas dobles (martinetes) 25
Romance de Juan García (martinetes) 31
A puro golpe y fuego (martinetes) 41
Así donde va la mar (martinetes) 55
Llevando las mismas penas (martinetes) 65
Tan sometío me tenían (martinetes y deblas) 75
Los que pisan la tierra (martinetes y deblas) 92
Las zarzas y los palmares (martinetes) 150
La Niña de la Puebla (martinetes) 208

Mineras

Vivimos como en volanda 86

Mirabrás

Qué bien jumea 10
Con mil suores 17
Fuimos tirando 93
Lo tengo como presente 144

Nanas

No te desveles 171
Los aceituneros 206

Peteneras

No me vengas a ayuar 18
A cal y canto cerrá 38
Prendía de mi sentío 60
En una dura porfía 70
Me acuso yo del que soy 91

Serás mi paraeña 140
Tu voluntá me sentencia 162
Como la piedra 173
Pastora 178
El querer tiene un veneno 184
Dios con su poderío 190

Polos

Jaré cuenta que tenía 15
Del monte los pedernales 55
Tengo pasao tanta pena 63
Eché coraje dos veces 165
El que no quiere arriesgá 189
Ronda partía en dos 194

Pregón de La Puebla

De la vida y de la muerte (pregón y saeta) 112

Romances

Romance a la libertad 111
Ya hemos pasao, compañeros 128
Romance a la libertad (2) 192
Saludo a Dolores 204

Romeras

Torre de la Babilonia 155

Rondeñas

Empezaron los cuarenta 113
La quiero porque la quiero 137

Cómo llegaron a ardé 156
Navegando me perdí 160

Saetas

Poquito a poco costaleros 12
Y campanas no doblaron 12
Yo no sé, María, cómo te vas sosteniendo 12
Encorvao y sin fuerzas ya 12
El cielo se oscureció 42
La Soledad en su doló 42
Si hubo un justo, ése lo fue 42
Calle Real que presencias 42
Porque se ajoga de pena 71
Una golondrina al vuelo 71
De cuerpo presente está 71
Lo bajaron del madero 71
El Calvario rebosaba 191
Reluciente va María 191

Sevillanas

Río de los andaluces 185
Río de las velas blanca 205

Siguiriyas y cabales

Caigo y m'alevanto 9
S'abrieron las puertas (siguiriyas y cabales) 26
Cuando llamaron a Audiencia 28
Malina mujé (siguiriyas de Manuel Torre) 34
Por si tú llamabas 36
Día grande (siguiriyas de Joaquín Lacherna y cabales del Fillo) 37
Si me pusieran 41
Así la candela 45
Ni doló sentía 45
De mal en peores 58

A ciegas vendría 59
Un bien tenía 65
Techito no tengo 69
Qué dobles son ésos 76
A mí me brillaba 78
El jierro y la piedra 86
Como aire solano 99
Que doló de pueblo 106
En la noche, el llanto 114
Esa fortaleza 125
Y verás mis penas 138
Buscando consuelo 148
Los pasos que doy 154
Doló que naciere 165
El viento solano 172
Qué buena gitana 174
El toro y la rabia 176
Me crujen los güesos 184
El lobo en el monte 187

Soleares

Te llevaste las ganancias 9
El que quiera que me siga 16
En la esquina toma el sol 23
Que tú no quieres a nadie (soleares de Alcalá) 29
Fuente de Piyaya (soleares de Juaniquí) 27
Me siento más desgraciao (soleares de Jerez) 30
La sangre me rebotaba 34
Como tijeras de sastre (soleares de Antonio Frijones) 46
Tu mare apagó el candí (soleares de Cádiz) 38
Lo que dices no me importa 40
El limón es amarillo 44
El viento a favor (soleares de la Serneta) 49
Miraba de trecho en trecho 53
Tienes un nombre sonao 66
Mira que yo no me creo (soleares de la Serneta) 77

Contra lo injusto, luchá 83
Soy castillo de frontera (soleares de Cádiz) 87
Yo no tengo otro camino (soleares de la Serneta) 92
Que soy pieza de mal paño 95
Al pueblo lo que es del pueblo 108
El motivo de mi canto 123
Ni el claro arroyo 136
Cosa propia me parece 138
Tengo una pena 145
Pusimos a repicá 157
Las canales de tu puerta 163
Gitana como aquella 169
Grandes castigos 207
Tía Gilica 177
La firmeza y el coraje 183
No sé lo que yo jiciera 190

Tangos

Siempre que tiras la cuenta 20
Maldigo la hora (tientos y tangos) 35
Mis penas las llevo yo (tangos de Pastora) 56
Siempre lo han dicho 67
Cuesta arriba quiero ver 82
Me está pareciendo a mí 97
Las campanas de mi pueblo 105
Ya se va a acabando el miedo 118
Las puertas de la esperanza 124
Mare, sobre el trigo llueve 129
Las olas del mar 158
Daremos vida a la vida 162
Picasso (tangos del Piyayo 179

Tangos de Málaga

Vengo a cantar mis pesares (tangos del Piyayo) 51
Mala cara tiene el paro 126

Yo no soy menos ni más 142
Picasso (tangos del Piyayo) 179

Tarantas y tarantos

Curro Cortés por la Puebla (tarantos) 29
Al Sotillo (tarantos) 36
Como acero se volvió (tarantos) 72
Hay que resistir, hermanos (tarantos) 98
De qué fuerza se mantiene (tarantas) 106
Así acabó la pelea (tarantas) 112
Los aires (tarantas) 121
Al trigo en la granazón (tarantos y tarantas) 129
Este sentí (tarantas) 140

Tientos

Faltitas a mi persona 13
Le pío a mi Dios y lo llamo 24
Maldigo la hora (tientos y tangos) 35
Desde el Calvario a Pará 40
Hablando y hablando 43
Cuando tú me miras 54
Son males de muerte 61
Te llamo y no vienes 64
Siempre lleva a alguna parte 79
Yo sigo p'alante 89
A la orilla de la mar 101
Sangre, sangre, sangre 115
Que la Virgen nos ampare 122
Dame una mano, por Dios 133
La luz de mis noches 139
Fe, coraje y esperanza 164
Confirmo y afirmo 172
Hasta el morí 173
A la hora de querer 174
Clara es la luna 175

Fina como la nácar 176
Ocho voces claman fuerte 180
Perdió un rey la libertá 188

Tonás

Vuelves la cara (tonás y livianas) 32
Cuando España es un lamento   115
España, Plaza Mayor 119
Te llevo dentro (tonás y livianas) 130
Cuando te veo (tonás y livianas) 141
A Francisco 177

Verdiales

Nadie extrañe mi esperanza 127

Villancicos

Brilló aquella aurora   167